强链铸盾

保障产业链供应链安全稳定

ESTABLISH THE SHIELD

SAFEGUARDING THE SECURITY OF INDUSTRIAL AND SUPPLY CHAINS

马建堂　主编

中国发展出版社
CHINA DEVELOPMENT PRESS

图书在版编目（CIP）数据

强链铸盾：保障产业链供应链安全稳定 / 马建堂主编 .—北京：中国发展出版社，2022.11（2023.11 重印）

ISBN 978-7-5177-1288-6

Ⅰ . ①强… Ⅱ . ①马… Ⅲ . ①产业链—安全管理—研究—中国 ②供应链管理—安全管理—研究—中国 Ⅳ . ① F269.23 ② F259.22

中国版本图书馆 CIP 数据核字（2022）第 063947 号

书　　　名：强链铸盾：保障产业链供应链安全稳定
主　　　编：马建堂
责 任 编 辑：吴　佳　耿瑞蝶
出 版 发 行：中国发展出版社
联 系 地 址：北京经济技术开发区荣华中路 22 号亦城财富中心 1 号楼 8 层（100176）
标 准 书 号：ISBN 978-7-5177-1288-6
经　销　者：各地新华书店
印　刷　者：北京博海升彩色印刷有限公司
开　　　本：710mm × 1000mm　1/16
印　　　张：9.5
字　　　数：145 千字
版　　　次：2022 年 11 月第 1 版
印　　　次：2023 年 11 月第 2 次印刷
定　　　价：48.00 元

联 系 电 话：（010）68990625　68360970
购 书 热 线：（010）68990682　68990686
网 络 订 购：http://zgfzcbs. tmall. com
网 购 电 话：（010）88333349　68990639
本 社 网 址：http://www.develpress. com
电 子 邮 件：15210957065@163. com

总 序

马建堂

近年来，面对复杂严峻的国内外形势和诸多风险挑战，以习近平同志为核心的党中央团结带领全党全国各族人民，运筹帷幄，沉着应对，科学精准应对大战大考，如期打赢脱贫攻坚战，如期全面建成小康社会，实现了第一个百年奋斗目标。当今，百年变局和世纪疫情相互叠加，全国上下众志成城，统筹疫情防控和经济社会发展，各项事业取得重大成就。疫情防控科学精准，最大限度保护了人民生命安全和身体健康。千方百计稳住市场主体，经济运行保持在合理区间。科技自立自强积极推进，国家战略科技力量加快壮大。经济结构和区域布局继续优化，新型城镇化扎实推进。改革开放迈出新步伐，中国特色大国外交全面推进。生态文明建设持续推进，环境质量明显改善。人民生活水平稳步提高，民生保障有力有效。构建新发展格局迈出新步伐，高质量发展取得新成效，“十四五”实现良好开局，全国人民在党的带领下正昂首阔步行进在实现中华民族伟大复兴的道路上。

国务院发展研究中心作为党领导下的国家高端智库，坚持以习近平新时代中国特色社会主义思想为指导，深刻认识“两个确立”的决定性意义，不断增强“四个意识”，坚定“四个自信”，做到“两个维护”，紧紧围绕党和国家事业发展的大局大势，始终坚持以人民为中心的发展思想，把开展党史学习教育和推进决策咨询事业深度融合，坚定理想信念、牢记“智库姓党”，砥砺初心使命、胸怀“两个大局”，聚焦主责主业、心系“国之大者”，推动高端智库建设创新路、开新局，推动决策咨询事业出新绩、谱新篇。

近年来，我们围绕经济社会发展全局性、综合性、前瞻性、战略性以及热点、难点问题开展深入研究，不断提高服务中央决策的能力和水平。此次我们精选近三年研究成果，按照“自立自强——奋力提升科技产业自主可控”“强链铸盾——保障产业链供应链安全稳定”“天蓝地绿——生态文明思想的理论探索与实践”“国饶民康——中华民族的小康之路与复兴之梦”等主题结集出版，以便将我们的研究心得和社会各界分享，也希望得到读者朋友的批评和帮助。

“志之所趋，无远弗届。志之所向，无坚不入。”我们要更加紧密地团结在以习近平同志为核心的党中央周围，更好践行“为党咨政、为国建言、为民服务”职责使命，继续用百年党史砥砺初心使命，唯实求真、守正出新，全面贯彻落实党的二十大精神，为实现中华民族伟大复兴的中国梦贡献更多的智慧和力量！

2022 年 11 月

（作者为全国政协经济委员会副主任，国务院发展研究中心原党组书记、研究员）

目　录

上篇

构建自主可控竞争力强的产业链

产业链供应链自主可控的战略重点和政策举措 *

本报告以构建国内大循环为主体、国内国际双循环相互促进的新发展格局为指导，结合我国产业发展的实际，就产业链供应链自主可控在双循环格局下的地位、进展、存在的关键问题进行分析，并就下一步的战略重点和政策举措提出建议。

一、实现产业链供应链自主可控是构建国内大循环为主体、国内国际双循环相互促进的新发展格局的重中之重

只有实现产业链供应链自主可控才能统筹发展和安全，才能掌控发展的主动权。以往我国虽然融入了国际经济大循环，发挥了劳动力的比较优势，实现了较快的经济增长，但经济发展对国外的技术体系和市场依赖较大。外循环两头在外，依赖国外的市场和国外的技术供给。内循环也不完整，关键核心技术大量依赖进口。在中美形成战略竞争态势、美国拉拢西方国家对我国实施“科技断供”和“经济脱钩”的背景下，容易被“卡脖子”并造成国民经济和社会发展产业重大冲击。只有实现产业链供应链自主可控，形成以我

* 本文成稿于2021年7月。

国为主导的技术体系、产业体系和供应链体系，才能统筹发展和安全，掌控发展的主动权。

只有实现产业链供应链自主可控，才能将国内循环畅通起来，实现需求牵引供给、供给创造需求的更高水平的动态均衡。以往的经济循环中出口主要靠加工贸易，外循环对国内高端装备和零部件拉动不足；内循环由于不掌控技术体系，国内需求对高端装备和零部件的需求拉动能力也不充分，从某种意义上说，当时的经济循环是建构在国外主导的技术体系上的低水平动态均衡。只有实现产业链供应链自主可控，形成以我国为主导的技术体系和产业体系，内外部需求才能转化为拉动国内技术和产品迭代升级的动力。同时，也只有产业链供应链自主可控以后，才能够根据中国的市场需求，乃至全球的需求来开发新的技术和产品，创造出新的需求，而不是简单地把已经在全球销售的通用性产品拿到中国市场上销售或者组装后向世界出口，从而实现需求牵引供给、供给创造需求的更高水平的动态均衡。

只有实现产业链供应链自主可控，才能将国内超大规模市场和人力资源丰富的优势发挥出来。以往，产业发展依赖在华的合资企业，特别是美、欧、日、韩的企业，有些合资企业的技术体系和产业体系比较封闭，国内的产业配套难以进入，造成国内市场被美、欧、日、韩的产业体系分割了，统一大市场的优势难以发挥出来。工程师和管理人员虽然能够从国外在华投资企业中学习一定的技术和管理知识，但只是作为跨国公司全球技术体系和产业链的一个环节，架构性的研发能力和整合国际资源的管理能力培育不足。只有实现了产业链供应链自主可控，形成以我国为主导的技术体系、产业体系，才能真正把统一大市场的优势发挥出来，才能将国内的人才真正培养出来。

只有实现产业链供应链自主可控，才能提升在全球产业格局中的位势、影响力和掌控力。我国在全球的产业格局中处于产业链和价值链的中低端，话语权有限。未来在掌握产业链供应链的情况下，首先可以将我国市场规模大的影响力发挥出来，提升市场的议价能力。下一步，我国随着国内市场的升级，有望成为引领性的全球高端市场，以及随着中国的企业"走出去"，在全球市场上配置资源，可以不断提升我国在全球产业格局中的位势和掌控力。

二、推动产业链供应链自主可控的条件基本具备，时机逐步成熟

我国已经在相当数量的制造业中高端领域实现了产业链的自主可控，甚至在一些领域领跑全球。通过概览式梳理了30条有代表性的重要产业链，发现我国在低技术、中低技术和中技术的纺织服装、家具、五金、家电等轻工业和钢铁、化工等重化工业上实现了全产业链的国产化和自主可控。在中高技术领域，比较早推进国产化的高铁和城市轨道交通、工程机械、电力设备等领域在最近几年国产化和自主可控水平快速提高，基本上实现了全产业链的国产化和自主可控，产业发展水平居于国际领先或先进水平。在5G、新能源装备和新能源汽车等战略性新兴领域也实现重大突破，产业化的速度和规模走在世界前列，基本实现了全产业链的国产化和自主可控。船舶及海洋工程、传统

汽车、医疗设备等领域近年来也基本实现整机国产化。从关键零部件的角度来看，也取得了较大的进展，从整体来看，我国各产业来源于美、德、日、韩的中间投入比重持续下降（见图1）。从微观来看，我国高铁最近几年实现了牵引系统、刹车系统和高铁轴承等核心零部件突破，目前高铁的国产化率已经达到97%。工程机械领域实现了底盘、大功率发动机和液压件的重大突破，掌握了核心技术。即使是被国外“卡脖子”的智能手机产业链，我国也在手机电池、指纹识别、显示屏、摄像头等关键零部件上实现了国产化。鸿蒙操作系统的推出，初步解决操作系统受制于人的问题。

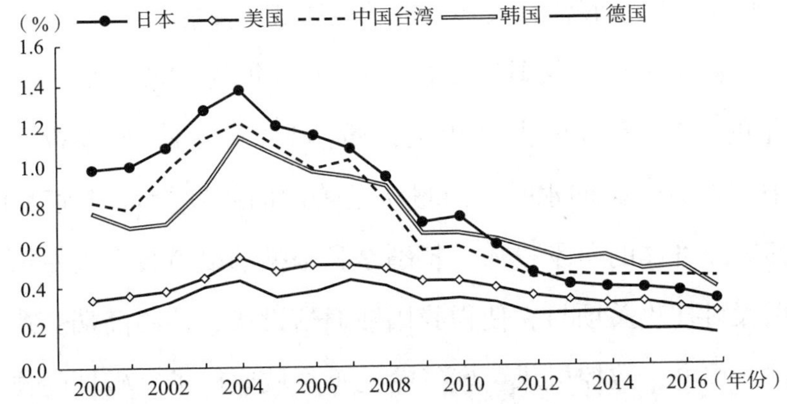

图1　我国各产业中间投入中来源于各国/地区的比重

数据来源：全球投入产出数据库（WIOD）并经过计算调整。

下一步，我国在推动产业链供应链自主可控上有更好的市场基础、产业基础、科技人才基础和金融支撑能力。从市场规模来看，中国是世界第二大经济体，2020年GDP达到14.7万亿美元，占世界经济比重为17%，达到美国经济总量的70%，经济增速要显著高于发达国家。2019年工业增加值达到美国的1.6倍，是世界第一大工业国和制造业大国，以质量提升、科技含量提高为特征的工业化还在不断推进。由于零部件为整机作配套，这就意味着零部件最大的市场在中国，并且要远大于美、德、日的市场规模。如果利用得当，如此巨大的经济规模和制造业规模可以实现所有行业的规模经济，可以建立起自己的体系和生态，这是除中国之外，包括美国在内的所有国家所不具备的优势。

从产业基础上看，我国在除大飞机以外的主要装备领域都实现了整机国产化（大飞机也即将实现国产化），掌握了系统设计能力，一批具有国际影响力的龙头企业正在形成。由于整机带动，高铁领域快速实现了牵引系统、刹车系统和高铁轴承的国产化；工程机械领域，快速实现了底盘、大功率发动机和液压件的国产化。

从研发投入看，我国研发投入从 2015 年的 1.42 万亿元增加到 2020 年的 2.4 万亿元，占 GDP 的比重达到了 2.4%，研发投入强度达到中等发达国家的水平，总量接近美国的研发投入，远高于德、日、韩等经济体的研发投入。特别是我国推动以科技重大专项为引领的重大科技攻关项目，使得我国在通信设备、核心高端芯片和基础软件、核电、数控机床、燃气轮机等领域取得了突破性的技术进展，实现了重大装备的国产化。即使在“卡脖子”的集成电路制造领域，也在集成电路装备和材料领域实现了突破，初步解决了从无到有的问题。

在人才储备上，基础性的研发和管理人员数量充足。我国每年毕业的大学生 900 多万人，其中理工科毕业生 200 多万人，超过美、德、日各国理工科毕业生的总和。中国每年毕业的博士生有 6 万人，从数量上看，超过了每年毕业 5 万博士生的美国。2019 年留学回国的人数超过60万人。按折合全时工作量计算的全国研发人员数量为419万人/年，稳居世界第一位。研发人员的数量和质量已经有一定的国际竞争优势。

从金融支撑能力来看，2020年我国存款总额达到229.2万亿元，是GDP的2.25倍，已形成全球最大的银行系统，资本市场的交易额和融资额居于世界前列，金融规则也和国际逐步接轨。随着科创板、创业板和注册制的实施及中长期贷款支持政策等改革举措的推出，金融支撑科技创新能力日益增强。

美国对我国实施的战略竞争、经济脱钩、科技断供在给产业链供应链带来挑战的同时，也创造了诸多机遇，如果把握得当，机遇大于挑战。毫无疑问，美国推动的科技断供、限制科技交流会给我国的科技创新和产业升级带来困难，使我国难以在现有技术融合借鉴模式下发展，但要全面综合地看待这个影响。一方面，通过公开的科学杂志，我国具备跟踪国际科学前沿的可能性。在技术层面，很多技术发明和研发工具在美国以外的其他国家有替代品，并且是可以通过"干中学"来实现的。另一方面，有可能给中国带来两个机遇，一是增强企业在产业链供应链上的自主可控意识，这有利于增加研发投入并带动上下游国内替代产品的应用。二是带动大量的高科技人才回流，美国对中国科技打压很可能会波及在美的华人科学家，助推高科技人才回流，这些富有经验的高科技人才回国将助推我国科技能力的提升。

综上所述，我国主要产业链整机实现了自主可控且已经具有相当规模和技术水平的龙头企业，又有广阔的市场和较强的科技、人才和金融要素作支撑。美国的经济脱钩和科技断供会在某些局部上放慢我国追赶的步伐，但不会带来致命的系统影响，反而会使我国在相关领域加速国产替代和自主可控，加快形成以我国为主导的产业体系、技术体系和创新体系。可以说，我国已经掌握了发展的主动权，只要我们办好自己的事情，特别是把方方面面的积极性调动起来，任何国家都难以阻止我国的发展。我们应对实现产业链供应链自主可控充满信心。

三、实现产业链供应链自主可控亟待解决的关键瓶颈和深层次根源

（一）一些通用性强的基础零部件、基础软件、基础材料、仪器和计量设备与少数整机装备仍然存在瓶颈和短板

当前，我国在多数关系国民经济命脉重大装备的整机设计、制造、运行上已经实现了国产化和自主可控。但在一些基础零部件、基础软件、基础材料、仪器和计量设备与少数整机装备领域仍然存在瓶颈和短板，存在被“卡脖子”的风险，特别是芯片、操作系统、工业软件、仪器和计量设备、基础材料、高档数控机床具有很强的通用性和渗透性，其存在的瓶颈和短板影响广泛，应是重点突破的领域。具体而言：

芯片装备和材料依赖国外进口。芯片的设计和封装环节已经接近国际先进水平，在制造环节，中芯国际已具备 14nm 工艺的生产能力。“卡脖子”的环节主要是光刻机、光刻胶等芯片制造的装备和材料以及设计的工具软件 EDA，高度依赖国外进口。

操作系统生态差距较大。近年来，我国在桌面操作系统和服务器操作系统方面，已经开发了麒麟操作系统和统信 UOS 操作系统，在移动终端领域也开发了鸿蒙操作系统，技术上解决了可用的问题，需要通过应用的迭代升级为好用。突出问题是国外操作系统已经比较成熟、生态系统强大，很多用户有较强的路径依赖。桌面操作系统和服务器操作系统方面，微软分别占据了 95% 以上和 85% 的市场份额。智能手机操作系统方面，谷歌的安卓系统和苹果的 iOS 约占 99.7%，其中安卓占 86% 以上。当前要解决的问题是推广应用操作系统并尽快形成生态。

核心工业软件对国外依赖较深。我国的企业开始进入 CAD、CAE、CAM 等通用型工业软件和各行各业专用型软件，我国的企业开始进入相关领域，在部分领域可以实现国产替代，但整体来看，对外资品牌依赖较深。考虑核心工业软件是以数学和大量的工程知识为基础，实现国产化需要比较大的投入和较长时期的积累。

核心基础零部件（元器件）、关键基础材料、关键测试仪器仪表中高端产品供给能力较弱。最近几年我国在高铁轴承、伺服电机、液压件等核心基础零部件以及关键基础材料领域取得了重要的突破，但在中高档数控机床的数控系统、电容等电子元器件、高端材料上仍然深度依赖国外品牌。我国在测试仪器仪表的中低端领域实现了国产化，但在高端产品上存在大量空白，深度依赖进口。

民用大飞机和发动机存在明显短板。在大飞机领域，我国实现了 150 座干线客机的设计和制造的国产化，民用飞机发动机、航电系统、飞行控制系统仍依赖国外。

（二）上述瓶颈和短板的存在既有历史积累不足的客观原因，也有国内循环不畅、体制机制不顺等现实原因

芯片、操作系统、工业软件、仪器和计量设备、高新材料、高档数控系统等工业“四基”、大飞机和飞机发动机等领域共同的特征是技术含量高，需要长期技术积累，不少领域还需要较大的产业规模作为依托，可以说都是“工业皇冠上的明珠”，都是自主可控和国产化“难啃的骨头”。存在上述短板和瓶颈，既有客观原因，也有主观原因。

历史积累不足是基础性原因。改革开放以后，我国总体上呈现出后发追赶型国家逆向式的技术创新和产业发展模式，先引进消化吸收和集成创新，实现整机的突破，整机突破后再带动零部件发展，零部件再带动材料和基础理论突破的发展模式。这与先发国家先开展基础研究、开发新的零部件进而形成新系统的正向创新模式有较大差别。这种发展模式带来两个问题，一是在科学积累上，我国在多数零部件领域开发研究上投入较少，也缺乏类似于德国弗朗霍夫研究所这类行业机构实现相关领域的科学知识和人才的积累，技术基础薄弱，难以支撑上述“卡脖子”的攻关。二是从产业上看，依托我国大市场的优势，我国整机企业的规模与国外整机企业的规模比较接近，至少是在一个量级上竞争，但零部件领域则不然。国外的零部件企业起步早，已经实现了全球布局的规模经济和系列生产的范围经济，产业规模可媲美整机企业，技术积累雄厚。我国零部件企业由于起步晚，规模普遍较小，和国外零部件企业的规模不在一个数量级上，研发能力普遍较弱，与国外企业竞争处于

不利局面。

国内循环不畅是关键原因。一是科研与产业之间的紧密联系不强、协同效应发挥不够。二是同一环节上不同主体之间、产业链上下游之间协同合作不够。一些新技术、新产品开发研制出来后，因整机企业不愿意承担使用国产新产品的风险，难以得到应用迭代的机会。特别是有些国外企业在我国不具备相关技术能力时，通过垄断定价获取超额利润，一旦我国技术实现突破，就通过大幅降价甚至以倾销的方式来打压我国企业，对我国在相关领域的创新形成严重压制。经常出现“造产品的不用本国装备、造装备的不用本国零部件、造零部件的不用本国材料”的现象。三是对大规模市场的统筹利用不够，产业链建设上存在“化整为零”、过于分散的问题。比如，在氢燃料电池汽车等新兴领域，地方上大都立足于构建本地产业链，国内相关企业普遍规模较小、实力不强，“小而全”、低水平重复建设较为突出，本应具备的显著优势难以发挥出作用。

体制机制不灵活也阻碍了攻克“卡脖子”技术的活力和速度。一是创新平台和公共服务平台服务社会的机制需要理顺。国家重大科技基础设施等创新平台的投入不够，部门主导科技资源的分配过于分散，开放度也需提高。二是适应战略性产业链发展需要的高层次人才、骨干专业技术人才不足。三是知识产权保护取得较大进展，但保护的力度仍然不足。四是国有企业创新的激励机制仍有待加强，国资管理考核、审计监督环节有待建立宽容失败、鼓励创新的体制机制。

四、推进产业链供应链自主可控的目标、思路和原则

在双循环格局下推进产业链供应链自主可控，需要设定切实可行的目标，精准地明确范围，并采用合理的策略加以推进。

1. 目标

在涉及国家命脉的基础行业、战略性新兴产业、生态性产业和关键核心的基础性零部件、基础材料、基础软件和科学测量仪器领域要建立起以我国为主导、自主可控的产业技术体系、创新体系和供应链，形成以国内大循环为主体、国内国际双循环相互促进的新发展格局，为统筹好发展和安全奠定坚实的基础。具体而言，在关键核心领域，要尽快实现国内自主生产，如果短时间内实现不了国内生产，应加强供应链管理，避免依赖单一供应源，实现供应链可控。当前，在各个领域推动产业链供应链自主可控的同时，要更加聚焦芯片、操作系统、工业软件、仪器和计量设备、高新材料、高档数控系统等工业“四基”、大飞机和飞机发动机等 8 个通用性、基础性、关键性的领域，加大投入，力争尽早实现自主可控。

2. 思路

一是对于已经具备基本技术能力的“卡脖子”产品，要畅通国内大循环，给予国内技术产品迭代升级的机会。要通过规划和政策引领，推动核心领域的供应链安全管理以及优化产业组织等来加强上下游的协同，把大市场的优势和产业链相对完整的优势发挥出来，攻克大部分的“卡脖子”问题。根据国务院发展研究中心对进口额前 2600 名企业的抽样调查，大体上 15% ~ 20% 的企业确实存在技术“卡脖子”问题，剩下的大部分企业认为国内有一定的产业能力

和供给基础。如果能够把国内的资源调动起来，把国内大市场的优势发挥出来，目前存在的“卡脖子”问题是能够解决的。

二是对于存在技术短板的领域，通过重大科技攻关实现技术突破。要通过重大科技专项和重点科技项目，针对技术上存在短板的领域进行科技攻关。要优化组织方式，采取“揭榜挂帅”“赛马制”，提高科技资源的配置效率，特别是要让龙头企业在攻克科技短板上发挥更重要的作用。另外，对于存在技术短板的领域，要引导企业加强供应链管理，避免依赖单一的供应商或供应国而被“卡脖子”。

三是在新的赛道上，提前布局，建立良好的创新生态。补短板的同时必须锻长板，否则，未来会出现新的短板，并且锻长板有利于提升我国在国际产业链上的影响力和博弈力，对保障我国产业链供应链安全能够起到双重作用。要争取在新赛道上实现并跑甚至领跑，锻造更多的长板，无论是研发下一代的关键技术，还是培养新的战略性产业，关键在于建立良好的创新生态，政府放宽市场准入，同时加大基础研发投入和人才培养力度，开放政府的科技资源，为新技术新产品应用培育早期市场。

3. 原则

一是将发挥市场在资源配置中的决定性作用和更好发挥政府作用结合起来，调动方方面面的积极性。目前大部分的“卡脖子”领域在基础性零部件、材料和仪器设备，在整机企业有需求的情况下，通过调动市场的积极性，企业主体是可以攻克难关的。政府要在基础研究、应用基础研究和人才培养上加大支持力度，为企业的科技攻关提供支撑。当然，对规模经济要求特别高的大飞机、飞机发动机、芯片制造领域和涉及生态系统建设的操作系统领域，政府除了上述支持外，还可以以市场化的方式通过资本金、融资安排和政府采购等加以支持。

二是将增加政府财政投入与推动体制机制改革结合起来，提高投入产出效率。该政府投入的领域，如基础研究、应用基础研究和人才培养，政府要加大力度投入，并且要集中稳定地投入，以产生积累性效果，避免科技投入"撒胡椒面"。与此同时，要通过体制机制改革将国有企业、民营企业的创新积极性调动起来，通过规划引领、政策引导、财税支持等方式将产业链上下游的企业协同起来，从而释放全社会的创新效率，提高财政投入产出比。换句话说，对于大部分领域来说，新型举国体制主要是通过对基础研发、人才培养的投入和政策引导将我国巨大的市场规模、人力资源的优势发挥出来，而不是直接作为主体来推动"卡脖子"问题的解决。

三是将独立自主和国际合作结合起来，提高内循环的效率并营造良好的外部环境。要避免出现中国一个体系、国际上一个体系的两个体系并存的局面，否则无论是在经济效率还是国际关系上，均对我国不利。要在现有全球体系内加强合作，利用我国不断提升的市场、人才和科技优势来提升我国的影响力和控制力。要加强国际国内技术和产业标准的衔接，即使迫不得已在高技术领域独立建设生态和体系，也要力争和国际主流体系兼容。如果处理得当，在关键核心领域建立起以我国为主导、自主可控的产业体系技术体系、创新体系和供应链体系与加强国际产业链供应链合作并不矛盾。在我国相关领域还不能替代国外技术和产品时，坚定不移地研发替代产品的同时，还是要购买国际先进的产品和技术来提高整个经济体系的效率。当我国能够生产相关的技术和产品时，仍要开放竞争，将过去的垂直分工调整为水平分工，在各自都掌握技术体系的情况下，通过差异化的产品和服务来开展贸易。这样不仅有利于推进产业链供应链的自主可控，而且有助于提高内循环的效率，并通过加强经贸合作来营造相对稳定的国际环境。

五、构建产业链供应链自主可控的政策体系和生态环境

要实现上述目标、思路和原则，既要构建精准的产业政策体系，发挥政府对产业发展的直接引导和调节作用；也要在创新体系、金融体系、人才政策、企业发展机制上加快建设，完善体制机制，培养良好自主可控的产业生态和创新生态。在建立以我国为主的国内体系的同时，还是要用好用活国际市场和资源，进一步加快自主可控步伐并提高经济循环的效率。

1. 构建精准的产业政策体系

产业政策在促进产业发展中发挥了巨大的作用，尤其是对于后发国家而言，不能跟随一些国家对产业政策污名化的调子，简单否定政府包括产业管理部门在产业发展中的作用。要针对问题，实事求是、更加精准地发挥产业政策作用，通过畅通国内循环来解决“卡脖子”问题。

加强产业规划引导和部门协同。目前，相关部门针对基础材料、基础工艺、基础零部件、基础软件及计量、检测开展了一些科技攻关和产业化项目，但还缺乏统一的规划，有关部门之间也需要加强

协同。建议明确产业部门责任，坚持目标导向和问题导向相结合，统筹制定产业基础创新能力建设规划和实施路线图，建立有利于持续创新的基础能力体系和政策实施机制。

生态性产业和战略性产业，政府要直接推动国产技术和产品的应用。对生态性的产业如操作系统、战略性的产业如大飞机以及通用性基础性的产业如芯片和高端数控机床的数控系统等的国产化应用，产业部门或相关强力部门可以直接推动相关产品的应用。尤其发挥好党的领导和集中力量办大事的制度优势，在政府部门和国有企业中优先使用国产产品，为相关产业的发展培育早期市场。

2. 建设基础雄厚、开放协同的创新体系

无论是补短板还是锻长板，都需要基础雄厚、开放协同的创新体系，这是实现科技的自立自强、解决产业链供应链自主可控的基础。具体措施有：

对创新体系进行合理布局。在研发方向上，基础研究、应用研究、试验开发 3 个环节同步发力，任何一个环节都不能偏废，在当前消化引进吸收集成阶段向原始创新升级的时点上，要重视增加基础研究的投入。在机构定位上，要调动方方面面的积极性，遵循创新的规律，发挥各自优势，形成科学合理的创新体系。具体而言，国家实验室和大学重点放在基础研究上，行业机构提供共性技术研发，企业既要做产业开发，也要有一定的工程开发能力，能够和基础研究、应用基础研究对接起来。对于实力强大的企业，鼓励企业向应用研究和基础研究领域延伸。

加快战略性、架构性科技力量的建设。在战略性领域加快建设国家实验室和国家科研机构。在战略性、关键性、前瞻性领域，建立开放协同的国家实验室和国家科研机构，以政府持续稳定投入为主，解决相关领域的原始创新和人才培养问题。目前我国已经建设了 4 个国家实验室，下一步要加快国家实验室的布局和建设。比如，针对我国航空发动机基础能力严重制约军民航空装备发展的问题，考虑到航空产业链条长、多学科交叉、多领域协同的实际，建议在深化国有航空企业改革的基础上，以发动机试验设施为基础，整合航空领域的公共基础能力，成立国家航空研究院或国家实验室，专门从事发动机、飞机等领域基础研究和应用基础研究。在重点行业建设工业技术研究院，采取政府、企业、市场共同投入机制，解决行业发展的共性技术供给问题。可以将现有央企中具有公共基础研究功能的大院大所改造为面向行业的非营利机构，也可以新设相关机构。工业技术研究院不直接生产产品，通过输出先进共性技术和为企业提供服务来实现滚动发展。

组织实施重大科技攻关。通过重大工程、重大科技攻关项目来牵引科技能力的提升。在重大科技专项的管理和实施上，应建立产业管理部门组织实施，行业龙头企业牵头，科教部门、金融财税部门协同的科技攻关格局，通过工程化、产业化、商业化成绩来检验重大科技专项的成效。要健全和完善以企业为主体的科研项目组织实施机制，对少数行业集中度高的重要战略性产业链，通过牵头建设国家重点实验室、承担国家重大研究任务、制定行业标准等多种方式进一步强化对行业龙头企业的支持，鼓励其深化与产业链上下游企业的创新合作。

推动公共科研机构开放共享和组织创新。公共科研机构开放共享能够有效降低创新的成本，要推动重大基础科研设施、基础科学数据、先进科学仪器对大学、一般科研机构、国有企业和新兴市场主体开放共享。要探索公共科研机构的组织创新，推动以科学家工作室等方式进行科研组织，实现相关研究方向的长期积累。为推动基础科研设施和科技数据开放、公共机构和民营企业合作以及公共科研机构组织创新和技术转化，建议开展试点并研究相关立法问题。

进一步完善知识产权保护制度体系。细化并推动实施侵权行为的认定规则，加大处罚力度，提高各类侵权行为的违法成本，保护创新主体的权益。通过专项行动，主动出击，严厉打击各类侵权行为。建立维权机制，通过设立举报平台和知识产权保护中心等方式，为创新主体提供服务，简化维权流程，降低维权成本。

3. 进一步提升市场主体进行创新和科技攻关的激励

无论是补短板还是锻长板，要打破对市场主体的束缚并进行鼓励，建立促进其长期投入和大胆创新的体制机制，调动市场主体的积极性。

增强国有企业的科技创新动力。在考核机制上将科技投入和产出作为创新型国企的重要考核内容，如：将科技投入作为利润进行考核，将国企的重大科技攻关和产业发展成绩作为国企重要的考核指标。在人员任免上，对以技术创新为主的国企，在负责人任用上要强调专业化，主要负责人要保持相对稳定，并建立促进其长期投入和大胆创新的干部政策。在容错机制上，对创新难度较高的领域，不能急于求成，要对失败有一定的宽容度。要加快建立健全试错保障机制，特别是完善有利于国有企业发挥战略性产业创新骨干作用的国资管理制度和审计纪检制度，释放国有企业的创新活力。

充分激发并保护民营企业家的创新精神。鼓励民营企业在科技创新包括战略性产业创新上进行长期持续投入。进一步放宽市场准入，吸引有创新能力、核心技术和优秀领军人才的新兴市场主体进入，形成国有企业和新兴市场主体发挥各自优势、高效协同的产业生态。政府在市场准入、研发支持、政府采购、人才培养等方面，要对国有企业和新兴市场主体真正做到一视同仁。要进一步完善政府采购政策，扩大军事装备竞争性、市场化采购，发挥好政府、军队先行用户的角色，带动企业创新和发展。建立和完善对研发采购的风险补偿机制，减轻企业研发失败的后顾之忧。

壮大市场主体，为企业开展创新活动夯实基础。降低制造的成本，增强制造业后劲。应该研究降低制造业的增值税税率，进一步降低制造业税负。通过推动高速公路优先降低货物收费标准，对各地物流成本进行测算和公示比较，引导各地区采取多种措施进一步降低物流成本。进一步推动电力的市场化改革，促进用户和发电企业双边交易，推动解决工业用户和民用用户电力交叉补贴问题，进一步降低用电成本。支持制造业企业率先实施主要面向技能型人才和技术人才的企业年金制度，研究降低制造业就业人员个人收入所得税的税率，促进人才队伍稳定发展。要优化产业组织，培育支持创新型中小企业聚焦细分领域，培育制造业隐形冠军。在零部件领域，着力培育具有规模经济、范围经济和研发能力的跨国龙头企业，打造中国的博世、霍尼韦尔、派克和贺德克，为解决“卡脖子”技术和参与全球竞争打造强有力的市场主体。

4. 建立健全培养和激励科技人才政策

无论是补短板还是锻长板，人才是关键，要尽快建立一套能够支持科技自立自强的科技人才队伍和政策体系。

加快引进海外人才。抓住中美战略竞争带来的人才回流的历史机遇，以包容和多元化的方式引进领军人才。对于具有引领产业能力的人才，要一人一议，给予充分的待遇支持。对于成熟的技术团队，要整体引入，让产业跟随优秀团队，在实践中学习，在实践中进步。尤其是中美贸易摩擦不断的情况下，更要加大对优秀人才和团队的引进力度，夯实技术与产业竞争能力。

加快国内人才培养。加快高等教育相关学科改革调整的步伐，围绕核心技术和相关产业发展、基础研究等方面的需要，大力加强高校对有关人才的培养，特别是改革教学内容和教学方法，加快高素质人才培养和创新型人才培养。同时畅通高校、科研机构和企业间人才流动渠道。鼓励通过双向挂职、短期工作、项目合作等方式加强人才共享，形成有效、完善的合作培养机制。可以考虑在新兴研发机构、新型创新市场主体内建立技术研发人才的培养体系和评价体系，从而建立起可以与国有企业和政府科研机构贯通的人才培养和评价体系，让人才的流动能够更加顺畅。

加大人才的激励。完善知识产权收益分配制度，通过推动国有科技企业实施股权激励和明确国家资助的知识产权归属等方式激励创新。

5. 完善高效协同的现代金融体系

无论是技术上的补短板、锻长板，还是壮大市场主体，金融的支持都是非常重要的。从技术创新的金融需求规律看，新技术新产品要实现“从 0 到 1”的突破主要靠政府，要实现“从 1 到 100”的突破靠天使基金、风投基金、私募股权和产业基金，要实现“从 100 到 100 万”的突破则要靠资本市场和银行贷款。要进一步完善金融体系和金融资源配置，在新技术新产品导入市场的各个阶段，能够高效顺畅地将资金泵入创新和制造领域，促进科技自立自强和产业链的自主可控。

加大银行信贷支持。继续坚持并做好制造业中长期贷款和银行贷款同步增长的政策，将各银行落实情况纳入宏观审慎评估体系（MPA）的框架并逐步提高权重，既可解决制造业的融资问题，也可降低金融资源脱实向虚、自我循环、自我膨胀的宏观风险。继续在地方层面推动政、银、保、企合作，减少信息不对称，为制造业贷款提供更好的担保，降低实体经济的融资成本，解决融资难融资贵的问题。

加大资本市场支持。发挥科创板、创业板等多层次资本市场作用，支持优质企业上市融资。继续优化科创板、创业板制度，建立证券部门与产业部门的协同机制，适应科技创新企业发展需要，加快企业成长速度。

为创新链的前端注入长期资本。考虑到战略性产业创新周期长，亟须为创新链前端注入长期的资金供应。有两个渠道可供考虑，一个渠道是将现有的 5 ~ 10 年的产业投资基金改造为 30 ~ 50 年的政府引导基金，引导早期天使、风险投资和私募股权等机构长期投资。另一个渠道是允许社保基金以适度的比例投资风险投资基金和私募股权基金，并拉长考核期，为风险投资机构提供长期资金支持，也可以使社保基金分享创新这一最具成长性的发展红利。

6. 加强国际产业链、供应链和科技合作

用好用活国际市场和资源，发挥好我国超大规模经济体的作用，不仅有利于进一步加快实现自主可控，而且能提高经济循环的效率。

加强国际产业链、供应链合作。要鼓励双向投资，既要吸引国外企业在先进技术和产品方面来华投资，也要鼓励中国企业到国际上投资，并购先进技术。对于我国有优势、有长板的领域，比如高铁、5G、新能源装备、动力电池等领域，鼓励企业“走出去”，帮助企业降低“走出去”的政治风险，抢占全球向绿色低碳和数字化转型带来的市场机会。这既有利于企业的发展，也有利于我国在全球产业链上提升影响力。要继续推动中欧投资协定生效，积极加入全面与进步跨太平洋伙伴关系协定（CPTPP），为我国参与国际竞争建立制度性保障。要主动谋划和塑造以中国为枢纽的包括日韩、东南亚乃至印度的亚洲生产网络，加强与欧洲的产业和供应链合作。

加强国际科技合作。在美国“小院高墙”乃至“无尽铁幕”的科技政策下，要加强国际科技合作，包括开放我国的基础研究，吸引国际研究人员加入，加强与非美国家的科技双边合作，在芯片、大飞机研发领域组建类似于美国半导体联盟的产业联盟。积极参与国际标准的制定，发挥我国市场大、产业化进展快的优势，增强我国对国际标准制定的话语权。

加强内外部政策的协调。按照 WTO 和国际通行规则来进行科技投入和产业培养，把更多资金投入基础研究和应用研究上。

王金照

参考文献

[1] 习近平. 把握新发展阶段，贯彻新发展理念，构建新发展格局[J]. 求是，2021（9）.

[2] 国务院发展研究中心课题组. 以信息化培育经济增长新动能[M]. 北京：中国发展出版社，2021.

[3] 徐杰. 华为遭遇制裁与产业安全反思. 中央党校案例教学，2020.

在加快构建新发展格局中增强产业链供应链韧性*

习近平总书记强调，要“打好产业基础高级化、产业链现代化的攻坚战”“增强产业链韧性，提升产业链水平，在开放合作中形成更强创新力、更高附加值的产业链”①。产业链供应链韧性是产业链供应链竞争力的重要体现，也是国家经济韧性的基础和抗风险能力的关键。近年来，美对华贸易摩擦和科技断供、新冠疫情等外部冲击一再暴露出我国产业链供应链局部脆弱的问题，须以新发展理念为引领，努力提高产业链供应链自主可控能力和开放发展水平，在加快构建新发展格局中增强产业链供应链韧性。

一、准确把握产业链供应链韧性的内涵和一般规律

（一）产业链供应链韧性的内涵及主要风险源

产业链供应链韧性可理解为产业链供应链在遭遇外部冲击或发展环境重大变迁时表现出的安全性、稳定性、根植性，以及抗冲击能力、自我调整恢复能力和适应能力。较高韧性的产业链供应链起

---

* 本文成稿于2021年12月。

① 习近平：《推动形成优势互补高质量发展的区域经济布局 发挥优势提升产业基础能力和产业链水平》，《光明日报》2019年8月27日第1版。

到国民经济稳定器和缓冲器的作用，是经济循环畅通的重要基础。

对产业链供应链造成冲击和有重大影响的因素主要来自客观和主观、外部和内部。其中外部冲击既包括了由地震、海啸等自然灾害导致的客观原因，也包括了战争、技术封锁、出口管制、断供等主观人为的因素。发展环境重大变迁既包括了科技和产业革命等外部环境因素，也包括了一国经济发展的资源禀赋和要素比较优势等内在支撑条件的重大变化。

如果将以上几类因素都归为产业链供应链的风险源，不同风险源的作用机制和应对也会有所不同。自然灾害带来的外部冲击和影响可能是局部的，即使产业链部分环节遭受了破坏或短期停摆，也可以通过重建和备份替代等方式得以恢复，此时考验的是产业链供应链的组织力和修复能力；人为因素如技术封锁、出口管制，关键零部件、原材料和设备断供等对产业链供应链的影响可能是长期的、深远的，此时不仅考验供应链的多元化供给能力，更考验本国产业链的核心技术能力，即能否被“卡脖子”，关键时刻能否顶得上去，不掉链子。发展环境重大变迁，虽然也会带来产业结构、就业结构的调整甚至冲击，但对产业链供应链的整体影响一般是缓慢的、渐进的，可以通过产业链供应链内在的适应性调整机制来过渡。

（二）影响产业链供应链韧性的主要因素

门类齐全、配套完备的产业体系是产业链供应链韧性的基石。产业门类越齐全、多样性越强，产业链内部及相互之间的关联性、支撑能力越强；产业链配套越完备，抵御风险和危机时的韧性和回旋余地越大。

超大规模市场和多层次的消费需求是激发产业链供应链活力和韧性的重要拉动力。超大规模市场蕴含着多元化需求的吸纳能力，有利于扩展产业链发展空间，吸引国内外各类市场主体加入，增强产业链活力，是从需求侧稳固和增强产业链根植性和抗风险能力的底气所在。

产业链关键环节的自主可控是产业链供应链韧性的关键。本国企业如果能对产业链有重要影响的关键资源和原材料、核心零部件、关键设备、先进技术工艺等拥有较强的掌控能力，即使面临重大外部冲击，也能在一定程度上确保产业链供应链的安全稳定，或在较短时期内得以恢复。

以龙头企业为引领，上中下游密切协作、大中小企业融通发展的产业生态是产业链供应链韧性的重要组织保障。产业链的竞争本质上是产业生态的竞争。围绕龙头企业的供货需求，产业链上中下游能够实现高效顺畅的协作，中小企业亦能表现出针对大企业良好的配套反应能力，这些不仅影响和决定了日常情况下产业链供应链的效率，也是重大外部冲击情况下抗风险能力的关键。

空间布局合理的系列产业集群是产业链供应链韧性的重要稳定器。产业集群所构筑起的水平分工、垂直整合和协同创新优势，大大增强了产业链的根植性、韧性和抗风险能力，提升了全球化时代的产业竞争力。在这次蔓延全球的新冠疫情中，我国产业链供应链能够在较短时间内恢复，并成为全球供应链稳定的重要力量，除了疫情控制较为得力外，与已经形成的产业集群生态优势有很大关系。

全球化、多元化的供应链合作网络是进一步增强产业链供应链韧性的重要外部力量。在全球经济一体化高度发展的格局下，各国产业链供应链之间更多表现为一种“你中有我，我中有你”的动态平衡关系。不仅国内要有合适的布局和备份，也要通过一定程度上全球多元化的布局规避或者降低局部供应链的风险。

数字化、平台化、灵活高效的现代要素配置方式是增强产业链供应链韧性的重要资源保障。产业链供应链韧性从微观层面取决于现代生产要素的配置能力和配置效率。工业互联网和供应链的数字化转型大幅提升了资源配置的效率，特别是工业互联网平台依托开放的、全球化的工业级网络平台，高效整合对接各环节资源，促进供需灵活高效匹配，推动了更加灵活、更具韧性的供应链创新。事实证明，那些供应链数字化程度较高的企业，在应对疫情中表现更为出色。

二、我国制造业产业链供应链总体强韧、局部较为脆弱

（一）我国制造业已形成总体富有韧性的产业链供应链

我国已建成门类齐全、配套较为完整的工业体系，从供给侧为增加产业链韧性提供了基础支撑。我国是全世界唯一拥有联合国产业分类中所列全部工业门类的国家，拥有 41 个工业大类、207 个工业中类、666 个工业小类。2020 年我国制造业增加值 26.59 万亿元，占全球比重为 28.6%，自 2010 年以来连续 11 年位居世界第一。门类齐全的产业体系、强大的生产制造能力和产业配套能力使得中国制造业在应对外部冲击时表现出更强的韧性和回旋能力。目前我国以纺织服装、家电等为代表的传统产业链，以稀土为代表的原材料产业链，以光伏和风电为代表的新能源装备产业链等已逐渐形成全

产业链优势，产业链韧性和竞争能力逐步增强。以纺织服装为例，在应对疫情过程中，凭借完整的产业链优势，及时实现了口罩、防护服等关键医疗物资的产能调度和应急生产，并承接了更多的全球订单，进一步展现出独特的产业链韧性优势。

连接全球、多元化、超大规模的市场空间从需求侧为增加产业链韧性提供了演化动力。我国拥有14亿人口的超大规模内需市场，人均GDP已超过1万美元，中等收入群体达到4亿多人，未来工业化、城镇化还有较大发展空间，强大的市场规模吸引和成就了超过1.4亿户市场主体。居民消费升级和产业结构向高端化转型使得产业链持续活跃并向着更高效率、更优结构、更高附加值的方向演进。与此同时，我国制造业已深度融入全球分工体系，是120多个国家的贸易伙伴；全球近200个经济体从中国进口的商品中，中间品的占比平均达到21.7%。随着我国制度性开放走向日益深入，以国内大循环为主体、国内国际双循环相互促进的新发展格局必将有利于产业链韧性的进一步增强。

区域产业集群初具规模，展现出较强的抗冲击能力和发展韧性。我国有各类产业集群上千个，分布在纺织服装、家电、软件、智能手机、医药、新材料等领域。这些产业集群长期以来形成了完整的产业链及上中下游配套协作关系，实现了人才、技术、资本、信息等创新要素的流动与共享，在全球竞争特别是疫情等外部冲击面前，展现出系统性、集体效率的优势和抗冲击能力与恢复能力。

总之，由于我国制造业规模、体系优势，以及长期以来深度嵌入全球制造业分工网络形成的地位和影响力，使得我国制造业产业链供应链整体上较为坚韧。在可预见的相当长一个时期里，中国制造业将继续在全球制造业生产网络中发挥不可替代的重要作用。

（二）我国制造业产业链供应链仍然存在局部脆弱的问题

一是部分龙头企业供应链关键环节被断供，凸显产业链脆弱性的风险。美国对华高科技企业等实施的断供措施，给相关企业正常经营发展带来较为沉重的打击，也给我国产业链供应链带来不稳定影响。未来围绕科技领域这一前沿阵线，美国可能通过“小院高墙”模式对我国实施更加精准的封锁措施。对“小院”内即“与美国国家安全直接相关的技术或研究领域”，通过构筑多边出口管制、投资限制、敏感实验室人员管理等“高墙”，使得我国企业很难通过贸易、投资或科技合作等方式获得来自美国的技术，这对我国增强产业链供应链关键环节的自主可控能力提出了更加紧迫的要求。

二是新冠疫情加剧全球关键元器件（零部件）供应紧张，凸显产业链供应链的结构性矛盾。尽管凭借高性价比的优势，我国有越来越多的行业在终端产品出口方面获得了全球领先优势，也收获了较为可观的市场份额，但是这些行业领域涉及更上游的关键元器件（零部件）、核心软件、关键材料等方面仍然高度依赖进口。这种格局除了面临地缘政治因素导致的供应链安全威胁外，在涉及自然灾害、重大疫情等导致的全球性产品供应紧张面前也会遭遇重大挑战。例如，我国虽然率先走出疫情阴霾，但因欧美地区疫情形势紧张，不少全球重要的零部件和商品供应被迫中断，我国进口发动机、数控机床零部件，重要化学试剂等均受到影响。全球的芯片供应紧张，是由全球疫情、需求波动、产业变革等一系列综合性因素造成的，虽然是一次全球性短缺问题，但由于我国是全球最大的电子产品生产制造基地、全球最大的家电生产国、全球最大的汽车销售市场，芯片自给能力不足对我国的影响更为突出。以汽车芯片为例，根据公开数据，当前我国汽车产销规模已占全球 1/3，但汽车芯片进口率高达 90% 以上，自给能力不足，严重影响了产业链供应链的安全稳定。这种抗冲击能力的恢复，从根本上还须依赖于产业链核心供给能力的提高。

三是工业化后期综合成本上升叠加贸易摩擦关税影响加大产业链外迁风险，对我国部分产业链根植性构成极大考验。如果从行业外向度、产业链长度、成本（关税）敏感度 3 个维度考察，不同行业产业链供应链的根植性和韧性有所不同，行业外向度越高（或对美出口占比越高）、产业链越短、成本（关税）敏感度越高的行业，在综合成本上升和贸易摩擦冲击面前表现出根植性越差；外向度越低（或国内市场占比较高）、产业链越长、成本（关税）不是特别敏感的细分行业则表现出较强的根植性。通过研究发现，前者主要有纺织制成品、服装、箱包、制鞋、家具、橡胶轮胎、玻璃制品、计算机和周边设备、结构性金属制品行业等；后者主要有汽车、铁路船舶等运输设备制造、集成电路制造业等。

三、增强产业链供应链韧性的主要思路和对策建议

面对国内外环境的深刻变化，未来我国产业链供应链仍将面临一些风险和挑战，需要结合冲击的不同类型和影响程度，有针对性地加以应对。首先，关键核心技术是基础，我国产业链的核心技术能力必须尽快建立起来。其次，自然灾害、全球流行性疾病等重大

突发事件使得全球供应链很容易受到冲击，除了尽可能地推动产业链关键环节的本地化，保持供应链的多元化和灵活协调能力也是十分必要的。最后，工业化后期综合成本上升和疫后基于安全因素的全球产业链区域化重构将是影响深远的，需要将加快提升产业链竞争力和增强产业链根植性相结合，进一步实现更高水平的稳态平衡。

总体思路是，以增强产业链创新能力为核心，以产业链关键环节的自主可控和供应链的数字化全球化组织协同为重点，促进全产业链优化升级。围绕打通高质量的内循环，提高供给体系对需求的适配性；促进国内国际双循环相互赋能，增强竞争新优势；加快构建安全可控、开放多元、协同高效，富有创新力、韧性和竞争力的产业链供应链。

一是全力打好产业链供应链关键核心技术的攻坚战。瞄准关系国家安全、国计民生重大战略需求，以及可能被“卡脖子”的关键环节，重点完善骨干企业、科研院所、社会力量共同参与的“揭榜挂帅”、协同创新攻关机制，最大限度整合利用国内外创新资源。加强基础研究、金融、人才等政策协同，加快技术创新成果工程化产业化应用。

二是以打通高质量的内循环为重点带动全产业链优化升级。加快实施产业基础再造工程，推进产业基础高级化。充分发挥超大规模市场优势，以应用创新带动技术工艺迭代升级。研究制定鼓励和支持制造企业加大生产性服务要素投入的政策，提升研发设计、科技、信息、节能环保等生产性服务要素对全产业链升级的带动作用。

三是建设具有国际竞争力的先进制造业集群。聚焦锻长板，将促进传统优势产业链升级和培育新兴产业链、优化区域产业链相结合，加快建设一批世界级先进制造业集群，形成深度嵌入全球价值链的稳定能力。支持符合中西部比较优势的重点产业集群发展。鼓励和支持产业集群与高校、科研院所建立产学研用协同创新网络，以企业为主体整合资源，组建技术创新联盟和利益共同体，促进产业链上下游协同创新和应用，提升集群专业化协作配套水平。围绕产业集群加快发展制造业创新中心等重大平台载体，完善共性技术、新产品检测认证、知识产权等服务，优化集群先进基础设施环境。

四是强化产业链生态建设。围绕重点产业链培育一批国内外具有生态主导力的链主企业，带动专精特新"小巨人"企业和单项冠军发展，提高产业链供应链效率和竞争力。鼓励有条件的龙头企业实施关键供应链备份计划，推广应用企业供应链可持续管理。以龙头企业为领航促进产业链供应链上下游高效协作，形成有效应对短期外部冲击的灵活反应能力以及面向长期竞争力提升的生态系统性优势。

五是大力发展工业互联网和数字化供应链。加大数字化、网络化、智能化技术的推广应用力度。优先针对成本敏感型和产业链外迁风险大的行业，推动一批有意愿的中小企业完成数字化智能化改造。依托工业互联网平台发展现代供应链，形成链接全球供应链的强大组织能力。支持多层次的工业互联网平台发展，总结推广一批设备共享、业务互联、资源互通、要素协同的行业创新应用案例，促进资源优化配置和供需灵活匹配，提高产业链供应链运行效率、韧性和竞争力。

六是在深化开放合作中进一步构建开放多元、灵活弹性的产业链供应链。加强高水平开放的政策和制度协调，积极参与疫后全球产业链供应链重构，加快构建以国内大循环为主体、国内国际双循环相互促进的新发展格局。一方面，依托超大规模市场空间优势和制造业转型升级的内在需求，进一步吸引产业链供应链高端环节向我国转移，促进延链、补链、强链。另一方面，支持有条件的企业积极开展国际合作，布局生产制造产能、开展终端零售等融入全球供应链的行动，在打造开放多元、灵活弹性的供应链过程中，进一步提高产业链供应链韧性和竞争力。

李　燕

下篇

重点行业产业链供应链稳定性与竞争力研究

我国纺织服装产业链供应链稳定性与竞争力研究*

纺织服装产业是我国在全世界居于领先位置的五大产业之一，在我国制造强国建设进程中处于第一梯队。随着我国产业发展迈入新阶段，如何突破技术创新瓶颈、合理引导产业转移、持续优化产业结构和妥善处理贸易摩擦等问题，在稳固世界第一生产大国的基础上实现高质量发展是时代交给我国的一个重要课题。因此，现阶段有必要对我国纺织服装产业进行深入研究，分析其产业链供应链稳定性与竞争力的现状、挑战、机遇和提升路径。

一、纺织服装是各国竞争力持续转换、稳定性较差的典型产业

纺织服装产业是比较典型的劳动密集型产业，工业革命以来曾多次出现产业的迁移。作为典型的劳动密集型产业，劳动力成本占较大的比重，因此纺织服装强国发展到一定的水平后，会出现向后发国家转移的情况。从发展迁移的历史来看，工业革命后纺织服装产业从英国兴起，随后迁移到美国再迁移到日本；在全球经济发

* 本文成稿于2022年2月。

展过程中，国际分工不断深化，纺织服装产业的设计与销售板块留在欧洲、美国和日本，而加工板块则继续向韩国、新加坡、中国、东南亚和南亚地区迁移。第一次、第二次的产业迁移，伴随着世界经济中心的转移，而第三次至第五次的产业转移则是社会分工深入的结果。

专栏1　全球纺织服装产业中心变迁

第一次工业革命后英国成为全球纺织业中心

第一次工业革命后，英国使用机器化工厂逐渐取代家庭小作坊模式的纺织生产，到19世纪初英国棉纺锭数的出口值占全球总出口值的70%，自此英国成为全球纺织业中心。

20世纪初纺织制造中心转移到美国

美国利用丰富的土地以及劳动力资源大力发展棉花种植。1793年，美国的轧棉机发明使籽棉加工处理效率极大提高，随后棉纺织业也快速发展，棉纺锭数从1832年的120万锭上升到1895年的1610万锭。1913年，美国棉纺织总量占世界棉纺织总量的比重首次超过英国并成为全球纺织制造中心。

“二战”后，日本成为新的全球纺织产业中心

“二战”结束后，美国劳动力成本大幅提高，并开始将纺织等传统工业向外转移，日本成为重要的受益国，并很快成为新的全球纺织产业中心。

1970年后，亚洲新兴国家和地区接力日本成为全球纺织产业中心

日本经济起飞后开始主动推进产业升级，纺织业率先向海外转移。此后，对外开放程度高、劳动力成本低的韩国、中国台湾和中国香港等地成为新的全球纺织产业中心。

中国加入WTO后逐步成为全球纺织制造中心

2001年中国加入WTO，纺织品出口市场迅速打开，中国充分利用劳动力优势和市场优势逐步成为全球纺织制造中心。

2012年前后，东南亚国家劳动力优势开始显现

进入新发展阶段，中国产业转型升级进程加快，纺织服装产业的低附加值部分开始向劳动力成本更低的越南、柬埔寨、非洲等国家和地区转移。

资料来源：《中国纺织产业迁移路径及纺织产业发展趋势全景图》，前瞻产业研究院，2019年。

二、我国纺织服装产业发展态势及国际竞争力变化

（一）我国纺织服装产业进入到规模回落结构优化的新阶段

1. 纺织服装产业的规模已经出现显著回落

改革开放以来，我国纺织服装产业规模呈现出先快速增长后触顶回落的过程，特别是2016年以来，无论是纺织服装产业营业收入的绝对值还是在整体工业企业中的占比都呈现下降的趋势。2020年，全国纺织服装产业实现营业收入3.73万亿元，同比下降7.3%，占全国工业营业收入的3.4%，同比下降8.7%（见图2）；利

润总额也是在 2016 年达到峰值 4471.3 亿元后逐年递减，2020 年仅为 2299.3 亿元，同比下降 10.5%（见图 3）。

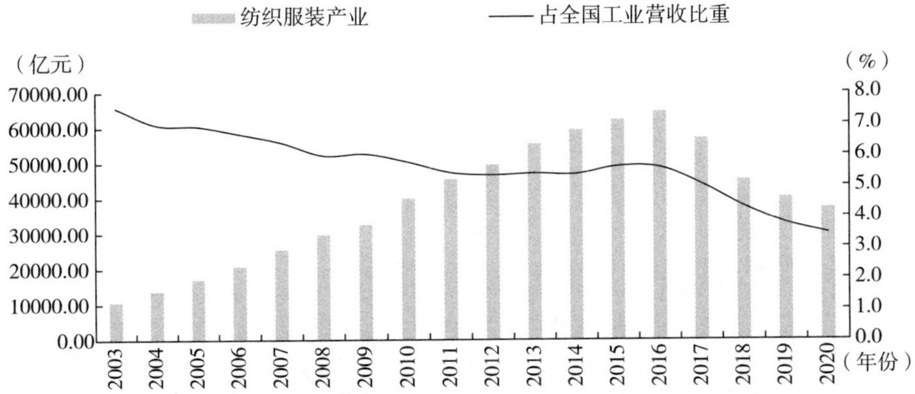

图2　纺织服装产业营业收入及占全国工业营业收入比重情况

资料来源：Wind资讯。

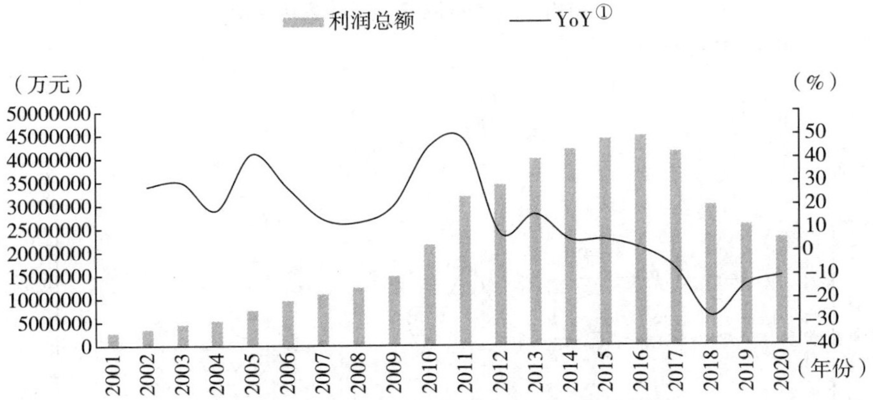

图3　纺织服装产业利润总额及历年增长情况

资料来源：Wind资讯。

从纺织服装产业代表性产品的产量和就业总量看，同样出现了触顶回落的现象。我国纺织服装产业链主要产品生产方面，纱和布的产量在 2016 年分别达到 3732.6 万吨和 906.75 亿米后开始回落。

---

① YoY全称Year-on-year，指同比增长率。

2020 年，纱的产量为 2618.3 万吨，同比下降 7.4%；布的产量为 459.2 亿米，同比下降 17.3%（见图 4）。就业人员在 2013 年达到峰值 455.4 万人后开始回落，2020 年为 237.6 万人，同比下降 10.4%（见图 5）。

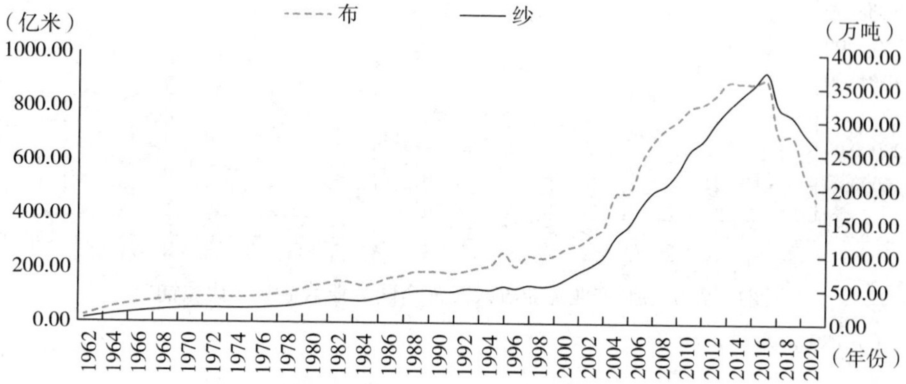

图4　纺织服装产业链主要产品生产情况

数据来源：Wind资讯。

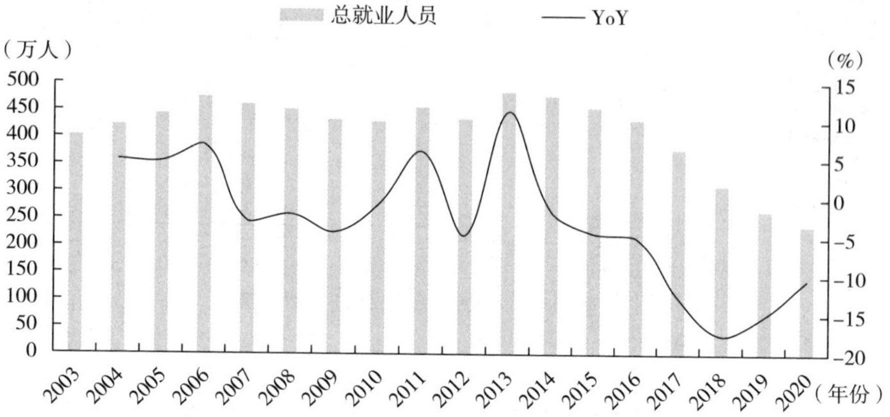

图5　纺织服装业就业人员情况

数据来源：Wind资讯。

2. 纺织服装产业出现了多方面的结构优化

结构调整稳步优化。“十三五”期间，服装、家纺及产业用三大终端产品纤维消耗量比重由2015年的46.4∶28.1∶25.5调整为2020年的40∶27∶33。“十三五”末，我国高性能纤维总产能占世界的比重超过1/3，产业用行业纤维加工量达1910万吨，较2015年增长40%以上，有效满足多元化、多层级、多领域市场需求。

行业创新投入不断加强。高新技术纤维产业化和应用不断推进，产业用纺织品的开发应用不断加快，纺织装备自主化水平不断提高。2019年纺织服装类上市公司全年研发实际支出总计206.66亿元，同比增长了22.36%。截至2020年底，纺织行业共有国家制造业创新中心2个、国家重点实验室6个，国家工程研究中心2个、国家企业技术中心81家（含5家分中心）、国家认定企业工业设计中心12家；中国纺织工业联合会认定的行业重点实验室59个、技术创新中心37家。2019年，规模以上纺织企业研发投入强度超过1%，其中化纤行业的研发投入强度达到1.4%。国产纺织装备国内市场占有率达到75%以上。

区域分布上的调整和优化特征明显。东部地区积极发挥引领作用，加速产业升级步伐，推进中心城市都市产业建设。重点发展纺织服装的研发设计、品牌营销、市场推广等生产性服务业和纺织总部基地，培育建设全球或区域性纺织服装时尚创意中心、营销中心、贸易中心、品牌中心和购物（消费）中心。发展纺织服装高端制造业，进一步细化产业分工，发展高技术、高附加值、时尚化、差异化终端产品制造业；发展资金密集型、技术密集型、科技含量高的化纤、产业用纺织品、纺织机械制造业。目前，我国纺织行业75%左右的生产力仍分布在东部沿海地区，化纤、印染布的产量分别占全国的92.6%和96.1%，纱、布和服装产量分别占全国的 53.9%、72.9% 和 74.0%。东部纺织企业广泛吸收和统筹国内外优质创新资源，在技术研发、时尚创意、品牌营销和高端制造等价值链高端环节均有突破。中部地区完善纺织产业制造体系，利用产业基础优势发展特色产业，发挥比较优势发展终端产品制造业。“十三五”期间，中部地区规模以上纺织企业纱、布和服装产量分别占全国的 35.0%、20.1% 和 22.7%，与 2015 年末相比均有所增长。中部地区的纱产量主要集中在河南和湖北，均超过 320 万吨；布产量以湖北为主，为 57.2 亿米；服装产量平均分布在江西、湖北、河南、安徽和湖南，均为 10 亿件左右。西部地区重点发展特色产业，加快资源优势向产业优势转化。西部地区仅在纱、布环节占比超过全国的 5%，主要得益于近年来新疆和四川纺织产业的发展。

专栏 2　国内纺织服装产业链发展历程

第一阶段：立足解决“温饱”阶段（1978—1991年）

中华人民共和国成立后的30年，基本建成了新中国的纺织工业体系。1978年改革开放后，纺织服装产业成为乡镇企业和沿海开放区率先发展起来的先导产业。受益于纺织品外贸体制改革，一大批纺织行业的工贸企业得到了迅速发展。20世纪80年代中后期起，纺织业逐步形成了服装、装饰、产业用三大终端产品，以及轻纺优先、两头在外、大进大出的大纺织格局。

第二阶段：快速增长阶段（1992—2000年）

1992年以后，随着改革开放的深入推进，一大批国外新机械、新工艺、新技术在我国珠三角、长三角等东南沿海地区得到推广与应用，我国纺织业整体水平快速提升，产能快速扩张，行业整体竞争力与综合实力得到了显著增强。到2000年，中国纤维加工总量占世界24.7%，纺织服装出口量占世界14.8%，全行业出口额已达530.4亿美元，比1998年增长23.7%，成为世界纺织大国。

第三阶段：国际化发展阶段（2001年至今）

2001年中国加入世界贸易组织（WTO），中国纺织服装产业加快了“引进来”“走出去”的步伐，纺织业的比较优势得到了充分释放，在技术和管理方面不断缩短与发达国家差距，甚至在不少领域开始领先。但近年来，我国纺织服装产业也出现了成本上涨较快、竞争优势减弱的现象，纺织服装中低端环节开始逐步向国内中西部地区和国外东南亚地区转移。

资料来源：《中国纺织服装业升级发展的思考——改革开放40年纺织业发展考略》，《经济研究参考》，2018年第61期。

（二）我国纺织服装产业在全球竞争力的比较

在全球化时代，各国都需要参与到全球分工中去，通过出口一方面扩大产品销售市场，另一方面交换本国需要而又不能生产或不具有比较优势的产品，而各国在国际贸易中的参与程度又直接取决于产品的出口竞争力，因此国际贸易状况最能客观准确地反映各国的产业竞争力。

测度出口竞争力的指标很多，比如国际市场占有率、显示性比较优势指数、市场渗透率指数、贸易竞争指数、显示性竞争优势指数[①]、出口产品质量指数等。根据数据可得性及各类指标的优缺点，本文采用显示性比较优势指数判断各行业的出口竞争力，并结合国际市场占有率判断竞争力变化情况。

1. 纺织服装出口规模和国际市场占有率仍保持在较高水平

目前，我国纺织原料、纺织制品以及服装服饰等产品的出口规模呈现出各不相同的情况（见图 6），其中保持持续增长的产品主要有絮胎、毡呢及无纺织物；特种纱线；线、绳、索、缆及其制品；帽类及其零件；地毯及纺织材料的其他铺地制品；化学纤维长丝。

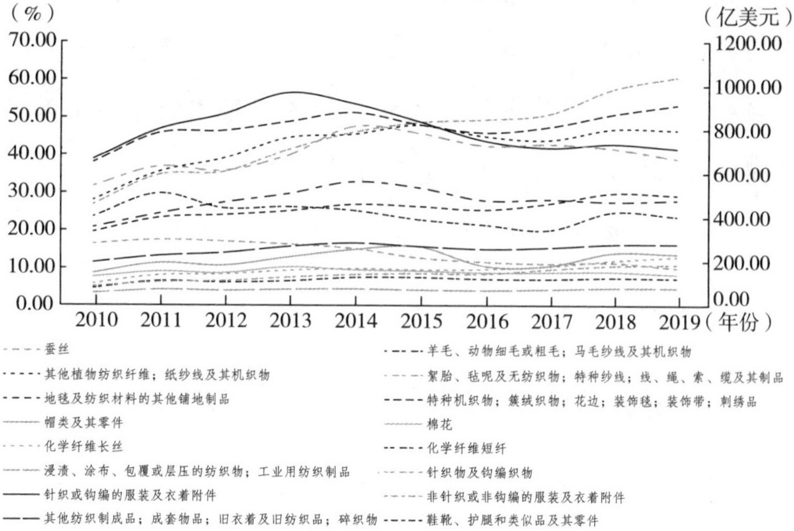

图6 纺织服装产业产品出口情况

资料来源：WITS 数据库。

而各产品的国际市场占有率在经历了加入 WTO 后的快速增长之

---

① 市场渗透率指数是某国在某一特定地区的市场份额；贸易竞争指数是某一产品的净出口与进出口总额之比；显示性竞争优势指数是出口的显示性比较优势指数减去进口的显示性比较优势指数。

后，近几年已经趋于稳定（见图 7）。2019 年，国际市场占有率在 10% ~ 20% 的产品有羊毛、动物细毛或粗毛，马毛纱线及其机织物，地毯及纺织材料的其他铺地制品；20% ~ 40% 的产品有棉花，其他植物纺织纤维，纸纱线及其机织物，化学纤维短纤，絮胎、毡呢及无纺织物，特种纱线，线、绳、索、缆及其制品，浸渍、涂布、包覆或层压的纺织物，工业用纺织制品，服装及衣着附件，鞋靴、护腿和类似品及其零件；而 40% 以上的产品有蚕丝，化学纤维长丝，特种机织物，簇绒织物，花边，装饰毯，装饰带，刺绣品，针织物及钩编织物，其他纺织制成品，成套物品，旧衣着及旧纺织品，碎织物，帽类及其零件。此外，2010—2019 年，针织物及钩编织物，非针织或非钩编的服装及衣着附件，鞋靴、护腿和类似品及其零件分别下降了 8.54、4.46 和 6.47 个百分点。

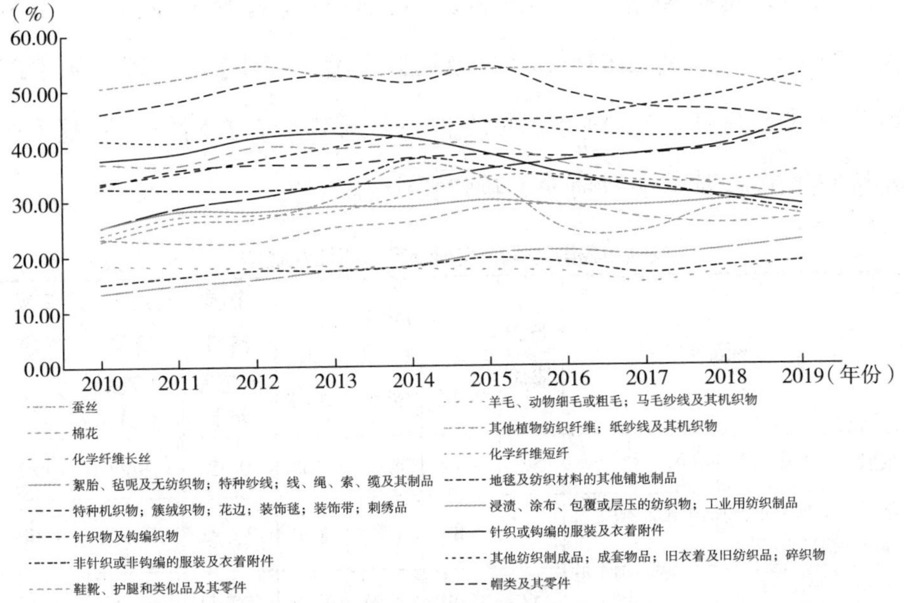

图7　纺织服装产业国际市场占有率情况

资料来源：WITS数据库。

根据 Trade Map 数据计算，近年来我国纺织服装产品不仅出口额不断攀升，在全球和主要发达国家的市场上份额也增长明显。在全球市场方面，针织物及钩编织物所占份额不断增加，2020 年已经高达 51.4%；化学纤维占 41.8%，蚕丝占 41.8%，帽类及其零件占 41.7%，鞋靴、护腿和类似品及其零件占 30.2%，浸渍、涂布、包覆或层压的纺织物和工业用纺织制品占 30.1%，服装及衣着附件占 29.8%，棉花占 23.5%。同时可以看出，我国纺织服装产业的主要产品在 2020 年的出口情况受新冠疫情影响较小，这说明我国在该产业链上竞争优势明显。

2. 从相对比较优势看，多数纺织服装产业的竞争力在下降

在不少纺织服装的细分领域，我国都占有全球市场 30% ~ 40% 的份额，比较优势仍然较为明显。经计算，我国所有的纺织原料、纺织制品以及服装服饰产品的显示性比较优势指数（RCA）大部分在 1.25 以上，其中 2019 年具有极强国际竞争力的有蚕丝、化学纤维等产品（见表 1），同时需要注意的是服装及衣着附件、鞋靴等产品从原来的极强竞争力降为了较强竞争力。

表1　我国纺织服装细分行业的比较优势

产品	HS 编码	RCA			中国出口（亿美元）	全球规模（亿美元）	市场份额（%）
		2002	2012	2019			
蚕丝	50	7.12	4.83	3.68	9.95	19.97	49.82
羊毛、动物细毛或粗毛；马毛纱线及其机织物	51	1.83	1.59	1.40	23.59	125.01	18.87
棉花	52	2.68	2.00	1.95	141.43	534.87	26.44

续表

产品	HS编码	RCA			中国出口（亿美元）	全球规模（亿美元）	市场份额（%）
		2002	2012	2019			
其他植物纺织纤维；纸纱线及其机织物	53	3.32	2.37	2.00	13.68	50.51	27.08
化学纤维长丝	54	1.59	2.71	3.28	222.12	500.82	44.35
化学纤维短纤	55	2.23	2.43	2.59	123.95	353.73	35.04
絮胎、毡呢及无纺织物；特种纱线；线、绳、索、缆及其制品	56	0.70	1.40	1.66	60.62	269.59	22.49
地毯及纺织材料的其他铺地制品	57	1.35	1.55	1.38	29.21	156.44	18.67
特种机织物；簇绒织物；花边；装饰毯；装饰带；刺绣品	58	2.55	3.24	3.14	53.19	125.35	42.43
浸渍、涂布、包覆或层压的纺织物；工业用纺织制品	59	0.91	2.49	2.28	79.70	257.93	30.90
针织物及钩编织物	60	2.43	3.31	3.88	186.72	355.93	52.46
针织或钩编的服装及衣着附件	61	3.65	3.67	2.14	714.40	2471.9	28.90
非针织或非钩编的服装及衣着附件	62	3.72	2.82	2.05	667.98	2404.5	27.78
其他纺织制成品；成套物品；旧衣着及旧纺织品；碎织物	63	4.64	3.76	3.12	279.18	661.23	42.22
鞋靴、护腿和类似品及其零件	64	4.36	3.52	2.24	478.04	1576.7	30.32
帽类及其零件	65	4.64	4.54	3.27	46.53	105.30	44.19

资料来源：笔者计算结果。

综合考虑规模、技术、装备、管理以及产品研发、品质等因素，我国纺织工业实力已居世界前列。在纺织产业链重点环节中，我国骨干企业已经达到国际领先水平。纺织工业是我国最有潜力率先跨入世界制造强国行列的工业部门之一。

（三）我国纺织服装产业在全球的价值链位置持续提升

纺织服装产业作为劳动密集型行业，其未来仍是向原料端和消费端两个方向发展。在全球的价值链条中，品牌和销售主要掌握在美国、欧洲和少数日韩企业手中，先进面料生产日韩处于领先位置，高品质羊毛等原材料澳大利亚具有话语权。而中国、东南亚及南亚国家主要位于价值链条的低端。2021 年我国纺织服装产业进入《财富》世界 500 强的企业有纺织行业的恒力集团有限公司和山东魏桥创业集团有限公司，分别排在第 67 名和第 282 名，服装行业无上榜企业；进入世界品牌 500 强的企业为纺织行业的恒力、盛虹和魏桥，分别为第 379 名、第 399 名和第 462 名，同样无服装行业的企业上榜。中国未来的发展方向在于提高产品的附加值（如纤维和纺织材料的研发），向产业链的两端优质原材料及品牌销售延伸，产业的低附加值部分向中西部及周边国家转移是发展趋势。

1. 从全球价值链指数看我国纺织服装产业在全球价值链的位置持续提升

对于纺织服装产业（见图 8），1995—2017 年后向垂直专业化指数（VS）变化较大，从 1995 年的 17.84% 小幅下降到 1998 年的 14.57%，然后上升到 2005 年的 20.51%，又在 2005—2017 年持续下降到 9.39%。前向垂直专业化指数（VS1）波动幅度较小，从 1995 年的 11.26% 上升到 2000 年的 15.18%，之后基本稳定在 12% 到 14% 之间。全球价值链（GVC）下游度总体上呈下降趋势，从 1995 年的 1.58 到 2017 年的 0.68，可以看出 2005 年以来纺织服装产业在全球价值链中的分工一直在逐渐向上游环节移动。

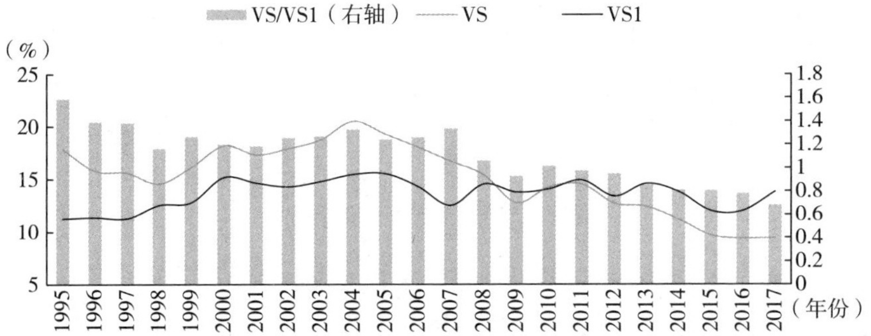

图8　纺织服装产业垂直专业化率与GVC下游度

资料来源：笔者计算结果。

2. 其他研究结果同样显示我国已经成为全球纺织服装产业的中心节点

“十三五”期间，我国纺织行业在全球价值链中的位置稳步提升，产业链整体竞争力进一步增强。2020 年，我国纺织纤维加工总量达 5800 万吨，占世界纤维加工总量的比重保持在 50% 以上，化纤产量占世界比重的 70% 以上。2020 年，我国纺织品服装出口额达 2990 亿美元，占世界的比重超过 1/3，稳居世界第一位，其中纺织品出口额占全球的比重从 2016 年的 36.6% 上升到 2019 年的 39.2%。纱线、织物和纺织制成品的出口竞争力指数分别提升到了 27.9%、85.5% 和 88.7%。《全球价值链发展报告 2019》显示，我国已成为名副其实的世界纺织中心（见图 9）。

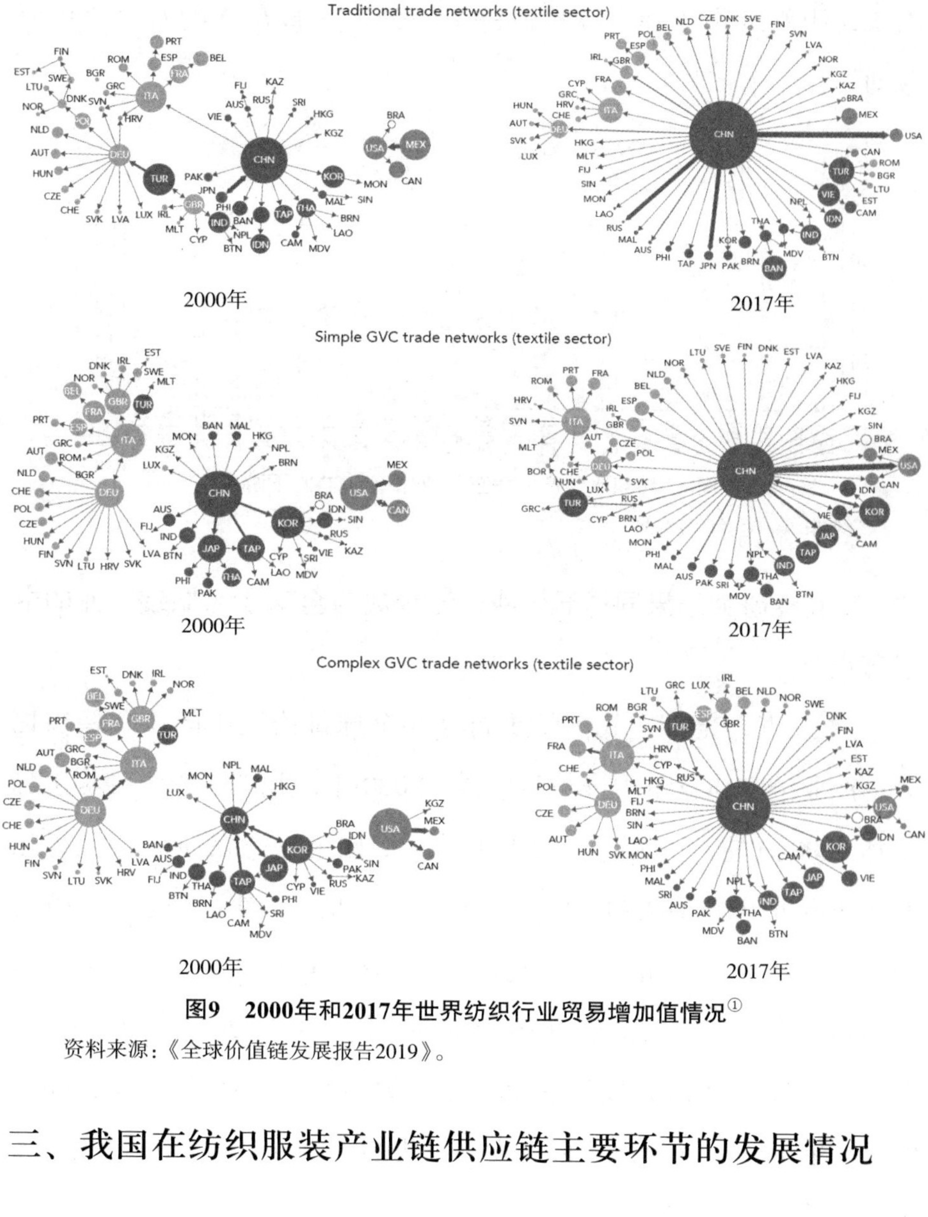

图9　2000年和2017年世界纺织行业贸易增加值情况①

资料来源：《全球价值链发展报告2019》。

三、我国在纺织服装产业链供应链主要环节的发展情况

（一）我国纺织服装产业链供应链的总体情况

纺织工业产业链长，链条各环节专业化程度高，产品种类繁多，

① 圆圈的大小代表出口附加值的规模。每一对贸易伙伴之间的附加值流量用连接两者的线的粗细来表示。

涉及上游原辅料制造，中游织造、印染环节，下游服装、家纺、产业用三大终端（见图 10）。纺织服装产业链主要包括纺织工业及化学纤维、棉纺织、毛纺织、丝绸、麻纺织、长丝织造、印染、针织、服装、家用纺织品、产业用纺织品、纺织机械等 12 个子行业。

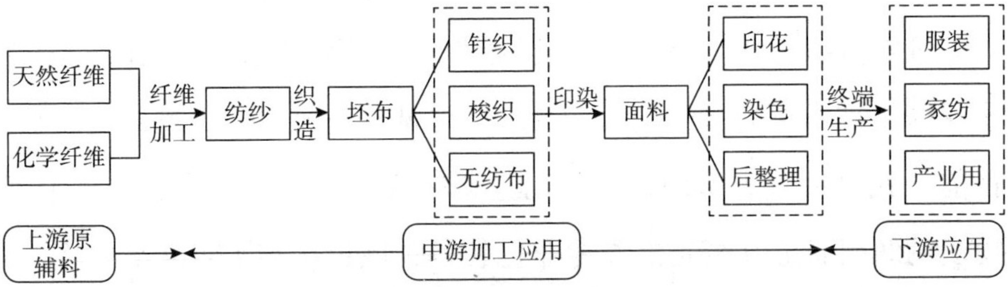

图10　纺织服装产业链基本示意图

资料来源：笔者根据公开资料整理。

我国纺织工业拥有全球规模最大、体系最为完善、门类最为齐全的纺织产业链，不仅有覆盖全产业链的大型纺织集团作为行业领军，还有以中小企业为主的纺织产业集群抱团发展。世界上制造能力覆盖纺织全产业链的大型纺织企业集团绝大部分是中国企业。

近年来，纺织行业自主可控、安全高效的产业链供应链持续巩固，稳定性持续提升。我国纺织行业原料和装备的保障能力不断提升。目前，纺织产业链配套自给能力在我国工业体系中位居前列，化纤、面料自给率超过 95%，纱线自给率超过 90%，装备自给率超过 80%；高端装备关键基础件的国产化率达到 50% 以上；化纤炼化一体化取得重要进展，主要原料自给率持续提升，对二甲苯（PX）、乙二醇（MEG）等原料的进口依存度均为 50% 以上。纺织机械技术也是不断进步，国产品牌已可基本满足国内市场部分需求，中国纺织机械在国内市场上的占有率从 2001 年的 37% 提升至 2019 年的 80% 以上，实现了飞跃式提升。

（二）上游原料和部分纺织机械环节我国具有一定优势

上游原料产量优势明显。2020 年，全球棉花产量中中国占比超过 1/4，与印度和美国形成三足鼎立；化学纤维产品更是具有绝对的市场份额，高达 70.5%，排名第二的印度仅为 8%。

部分纺织机械环节具有一定优势。我国是全球纺机大国。随着我国纺机技术不断进步，国产品牌已可基本满足国内市场部分需求。目前，我国部分大型纺机企业已具备较强的综合竞争力；一批中型规模的纺机企业在特定品类专业化装备领域也达到了较高水平。

高端纺织机械关键技术与装备需依赖进口。我国仍有 10 项纺织装备与零部件依赖进口，估算年进口金额 5 亿多美元，约占纺织机械与零部件进口额的 1/7，包括自动络筒机用电子清纱器、空气捻接器和槽筒，无梭织机用高速电子多臂装置，自动穿经机，纺织用工业喷墨印花喷头，印花导带，等。同时，纺织装备行业对部分高性能金属材料、高精度传感器、高速轴承、芯片、密封件等高端通用零部件和原材料存在进口依赖性。

（三）中游原料加工应用环节我国具有较强优势

棉纺产业综合实力很强。我国棉纺产业历史悠久，是较为传统的行业，不仅在全国及全球纺织工业中占据着重要地位，而且在纺织产业链中发挥着关键的承上启下的桥梁作用。

多年来，我国棉纺行业通过不断提高技术装备水平，提升产品质量，每年不仅生产约 2000 万吨的纱线，还提供约 600 亿米的舒适环保的功能性面料，每年使用棉花 700 万 ~ 800 万吨，使用非棉纤维 1200 万 ~ 1300 万吨，间接为针织、印染、服装、家纺、产业用消费市场提供了多元化的选择。

目前，我国纱、布产量均居全球第一。骨干企业在棉纺织制造领域已经达到国际领先水平，一大批企业在企业规模、技术装备、产品开发、运营管理等综合竞争力方面具备较强实力。从装备水平的先进程度与行业生产能力看，我国棉纺行业综合实力全球领先。

常规纤维世界领先。一些企业生产规模、装备水平及产品品质均可达到国际领先水平。

高性能纤维与生物基原料方面，我国与发达国家有显著差距。国外代表性企业如日本东丽株式会社、帝人株式会社以及美国陶氏杜邦公司等，在高强高模碳纤维、对位芳纶等高科技纤维材料领域始终处于技术引领乃至技术垄断地位。另外，我国关键原材料、溶剂、催化剂、萃取剂等质量稳定性较低，关键树脂、上浆剂等辅料仍依赖进口。

印染优势明显。我国印染布产量居全球首位。骨干印染企业在产业规模以及总体技术装备水平方面已经达到国际先进水平。

（四）下游应用环节具有综合竞争优势，但设计和品牌能力仍然不足

服装产业具有较强综合竞争优势。我国已成为全球最大的服装生产国、消费国和出口国。发达国家目前已经没有大规模的服装制造企业，主要从事服装设计与品牌运营。欧洲尚有少量从事高端定制的服装企业，但规模普遍较小。除我国外，东南亚地区也有大型服装制造企业，整体制造水平较高，但均是国外品牌企业

的代工工厂。相比较而言，我国大型服装企业在生产制造、产品设计开发、自主品牌培育与市场渠道建设等方面的综合竞争力优势更为明显。

家纺产业梯队式发展。我国已形成品牌众多、竞争激烈、分散的发展格局。从当前品牌市场格局来看，目前市场品牌分为 4 个梯队。第一梯队为优秀龙头生产商；第二梯队为“中国名牌”家纺生产商；第三梯队为市场上活跃的 1000 多家品牌家纺生产商；第四梯队为上万家中小家纺生产商。

产业用纺织品竞争力不强。我国现在一些企业虽已跻身全球前 20 强，但全球非织造布生产商前 10 强目前尚无我国企业。我国产业用纺织与国际领先水平的差距，主要是产业集中度偏低，缺乏具有国际影响力的骨干企业，基础研究相对薄弱，具有自主知识产权的核心技术不足，行业仍处在全球价值链体系的中低端；同时，产业链配套和产需衔接体系不尽完善，部分专用原料和高端装备仍依赖进口，行业标准体系仍需健全，与上下游领域标准衔接协调不畅。

服装的研发设计方面，国产品牌与国际一流品牌相比能力不足。国外高端运动品牌研发某一个特定技术或者一个广泛的系列产品，都会提前十几个月或者数十年。耐克在 1980 年设立了运动研究实验室，收集大量的研究数据，其中很多数据都来自优秀的运动员。耐克和阿迪达斯在为球员设计一双专业运动鞋的时候，历时很长，从球员的个人喜好、运动特点和脚形的特殊性来进行设计。国产品牌在鞋类设计上的创新大多是在模仿与追随，很难达到开拓新领域、超越国际一流的程度。尤其是在专利技术上，国产品牌与国际品牌差距悬殊。依据 Patentics 的检索结果，截至 2019 年 3 月，安踏拥有发明专利 166 项、实用新型专利 135 项和外观设计专利 622 项，李宁则拥有发明专利 84 项，实用新型专利 149 项，外观设计专利 170 项。而作为对比，耐克仅仅在鞋底领域的专利数就达到了 2868 项，差距明显。

国产品牌在营销方式和品牌文化塑造等软实力方面也有待加强。品牌文化作为品牌价值最核心的体现，是凝结在品牌上的企业文化精华。消费者购买的不仅仅是物品或者服务本身，同时也希望得到消费以外的情感体验和相关联想，从而与品牌产生共鸣与认同感，形成忠诚度。例如，耐克品牌文化和自身的服饰时尚性使消费者对它倍加喜爱。耐克的广告语就是它品牌文化最直接的反映，“Just Do It”的广告语深深地印刻在了年轻人的心中，也成了耐克的精神所在。蕴含着品牌文化的运动鞋正成为青少年自我个性、信仰理念的一种物体语言传播符号。国际一流的体育品牌往往还会将自身品类体系与体育运动项目、不同年龄及性别的消费者群体精准对接进行营销，一旦人们从事相关的体育运动时，这些品牌就会成为消费者的首选，从而主导体育用品市场，例如耐克和阿迪达斯在足球领域和篮球领域签约巨星，通过球星们的表现和对体育精神的演绎，把品牌注入消费者的心中。相比之下，国产运动服装龙头企业安踏、李宁和特步等的产品定位泛化，聚焦不够，没有形成其主要的体育项目产品类别，品牌相关性较低。同时，国产品牌缺少品牌文化的塑造。其广告作品也没有将品牌理念进行全方位的诠释和演绎，没有将品牌文化通过各种营销手段精准地定位到消费者的心中。

专栏3 运动鞋服行业现状

国内运动鞋服行业集中度高，龙头格局稳定，呈现“两超多强，强者更强”格局。据欧睿统计，2020年耐克和阿迪达斯市场占有率分别为25.6%和17.4%，安踏体育、李宁、斯凯奇、特步国际和361°国际市场占有率分别为15.4%、6.7%、5.6%、4.7%和2.6%。从行业集中度看，2020年运动鞋服前五大品牌企业的市场占有率高达70.8%，远高于服饰、鞋类、男装、女装和童装的7.4%、33.8%、15.9%、6.3%和12.9%，且行业集中度在持续走高，2016—2020年，运动鞋服前五大品牌企业的市场占有率从57.9%上升到70.8%。

综合各项财务指标来看，在运动服装产业方面，我国的龙头企业与国际龙头之间还有明显差距。公司体量方面，截至2021年12月6日，安踏的总市值为3349亿港元，即约为430亿美元；李宁的总市值为2207亿港元，即约为283亿美元；而耐克总市值为2696亿美元，即耐克的市值约为李宁的10倍；阿迪达斯的总市值约为487亿美元，与安踏市值相当。销售收入及利润方面，2020年，安踏营业收入54.43亿美元，净利润8.54亿美元；李宁营业收入22.16亿美元，净利润2.6亿美元；而耐克的营业收入为445.38亿美元，净利润57.27亿美元，阿迪达斯营业收入244.06亿美元，净利润5.45亿美元。2020年安踏仅在净利润上实现对阿迪达斯的反超，但与耐克仍有很大差距。

资料来源：笔者根据公开资料整理。

四、纺织服装产业链供应链稳定性和竞争力的主要挑战及机遇

尽管我国纺织工业拥有全产业链综合竞争优势，但我国纺织工业发展正面临发达国家“再工业化”和发展中国家加快推进工业化进程的“双重挤压”。发达国家在科技研发和品牌渠道方面优势明显，在高端装备、高性能纤维、智能纺织品服装等领域的制造能力仍将增长。亚洲、非洲地区的发展中国家劳动力成本优势明显，印度、越南、孟加拉国、巴基斯坦等发展中国家纺织业呈明显上升趋势。发达国家在科技研发和品牌渠道方面的优势和发展中国家的劳动力成本优势使得我国纺织工业面临“双重挤压”。

同时，我国在大数据、云计算、电子商务及网络设施的演进等方面发展较快，数字化和智能化为纺织服装产业的下一步发展升级提供了新的驱动力。

（一）相对成本优势已经持续下滑

近年来我国纺织服装产业的企业数量在 2011 年经历了大幅度减少后逐渐趋于平稳，主营业务成本在 2016 年之后开始回落（见图 11）。2020 年，纺织业企业单位数为 19122 个，纺织服装、鞋、帽制造业企业单位数为 14827 个，纺织业主营业务成本 2.43 万亿元，纺织服装、服饰业主营业务成本 1.45 万亿元。

劳动力工资方面，我国制造业总体工资不断增长，2020 年已经

达到 74641 元，其中专业技术人员为 106681 元，生产、运输设备操作人员及有关人员为 61324 元（见图 12）。与东南亚和南亚等的国家相比，劳动力优势不再。以各国首都平均工资作比较，2021 年 9 月数据显示，北京平均税后工资 1341 美元，约为曼谷 703 美元的 2 倍，并远高于东南亚和南亚国家（见图 13）。

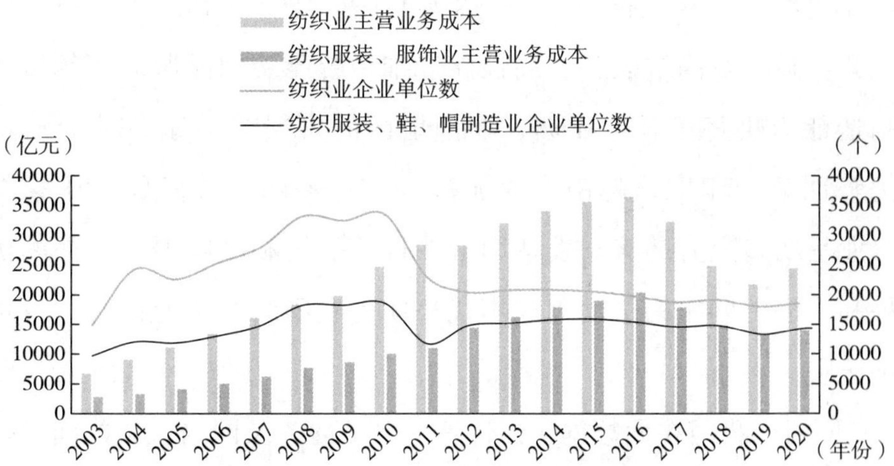

图11　纺织服装产业主营业务成本及企业单位数

资料来源：Wind资讯。

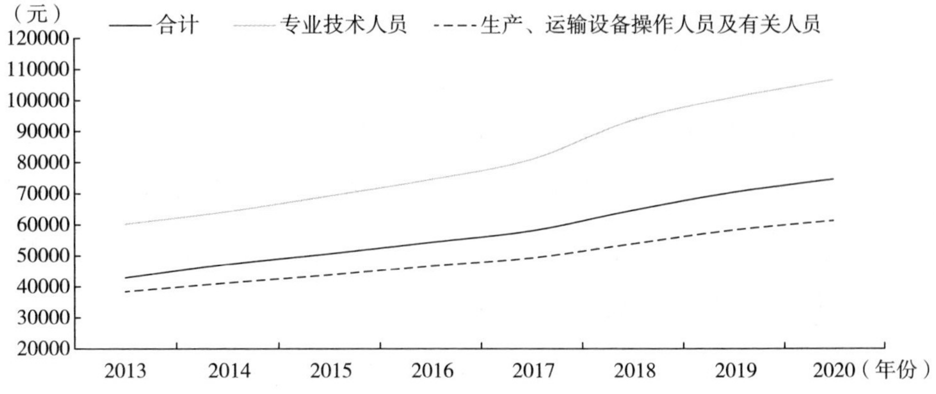

图12　中国制造业平均工资情况

资料来源：Wind资讯。

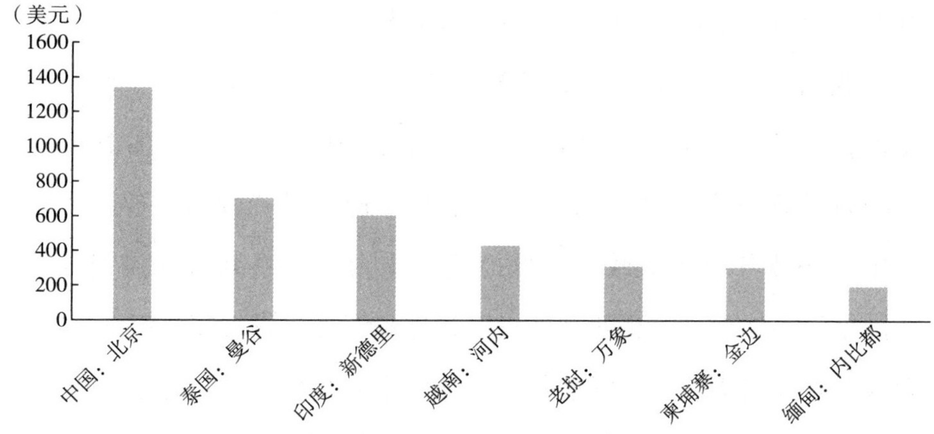

图13　各国首都平均税后工资情况

资料来源：Wind资讯。

（二）全球市场份额较大但部分产业下滑明显

我国纺织原料、纺织制品以及服装服饰等产品的出口规模在经历了2013—2016年的下滑调整之后，近几年已经趋于稳定，整体规模总量仍然处在一个很大的区间内，各产品的国际市场占有率在经历了加入WTO的快速增长之后，近几年也呈现出不同的走势。截至2019年的统计数据显示，绝大部分产品仍然保持20%以上的占有率。但下游的服装鞋帽产品下滑趋势明显，其他产品也面临着短期内贸易摩擦、长期上产业转移等风险。

（三）产业链部分环节开始向外转移，产业链稳定性面临挑战

目前，我国纺织行业境外投资合作项目涵盖全球。根据中国商务部统计数据，2003年以来，纺织行业全球投资存量超过110亿美元。近年来对外投资波动较大，2013—2016年，行业骨干企业主动

进行国际布局的意识明显提高。对外投资迅速加快，特别是 2016 年，我国纺织行业对外直接投资创下历史新高，达 26.6 亿美元，同比增长 89.3%，而 2015 年的同比增速也高达 47.96%（见图 14）。随着投资规模的爆发式增长，部分企业非理性投资的情况逐渐增多。2016 年下半年开始，政府各部门连续出台了一系列对外投资政策，从国家层面加强了对企业境外投资管理和海外投资真实性审查，中国企业对外投资更加趋于理性化、更加注重效益化。纺织行业对外投资也随之“降温”。2017 年行业对外直接投资额 11.84 亿美元，同比下降 55.5%。到了 2019 年行业整体对外投资增速“由负转正”，全年投资总额达 12.95 亿美元，同比增长 31.87%。其中纺织业 5.2 亿美元，同比增长 5.05%；纺织服装、服饰业 2.7 亿美元，同比下降 28.47%；化学纤维制造业 5.1 亿美元，同比增长 367.89%，化纤行业对外投资增长明显。2019 年，纺织行业对外投资占全国制造业比重为 8.8%，与 2018 年相比上升 3.6 个百分点。受新冠疫情影响，纺织行业 2020 年全年对外投资增长速度明显放缓，对外直接投资总额仅为 7.35

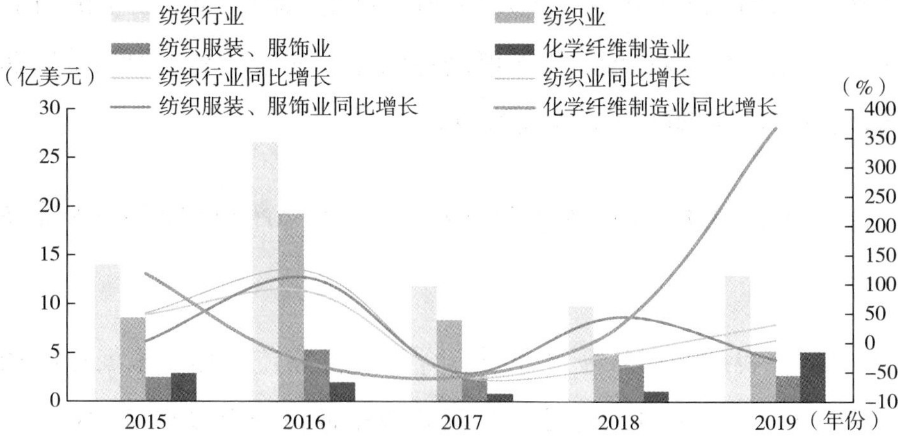

图14 我国纺织行业对外直接投资情况

资料来源：商务部。

亿美元，较 2019 年下降 43.1%，占制造业整体对外投资份额下降至 3.68%，较 2019 年减少 5.1 个百分点。分行业来看，纺织业对外投资额为 4.3 亿美元，同比减少 17.3%；纺织服装、服饰业 2.1 亿美元，同比减少 22.2%；化学纤维制造业 1.0 亿美元，同比减少 80.4%。

对外投资国家主要集中在东南亚地区，湄公河流域继续成为行业对外绿地投资首选区域。湄公河流域各国在要素禀赋、产业层次、出口市场和产品结构等方面与我国纺织行业存在相似性，该地区相对低廉的生产要素成本、丰富的劳动力资源和对发达地区出口关税优惠等方面的优势成为纺织企业对上述地区进行新增产能投资的主要原因。根据《2020/2021 中国纺织工业发展报告》，2020 年纺织行业对湄公河流域国家（越南、缅甸、柬埔寨、泰国、老挝）投资额为 2.72 亿美元，占全年行业对外投资总额比重约为 37%。其中，越南依旧是纺织行业的首选投资目的地，2020 年行业对越投资额为 1.73 亿美元。缅甸和柬埔寨分列行业对外投资目的地第三和第五位，投资额分别为 5525 万美元、3008 万美元。此前较少受到纺织投资企业关注的泰国，一跃升至行业对外投资目的地第七位。2020 年纺织行业对泰投资额为 1411 万美元，该金额超过 2013—2019 年行业对泰 7 年投资总和（1135 万美元）。泰国也成为纺织行业 2020 年为数不多呈正增长的投资目的地之一。

国内对外投资地区主要为东南沿海“五省一市”。浙江、山东、江苏、广东、福建和上海是纺织行业对外投资主力军。根据商务部快报统计数据，2016—2020 年“五省一市”纺织行业对外投资总额为 62.3 亿美元，占全国纺织行业对外投资总额比重约 90.9%。

随着国际采购商对纺织服装采购区域趋于多元化，采购订单更加碎片化，全球纺织产业链供应链格局也在发生变化。当前我国在欧盟、美国、日本等全球重要纺织品服装进口市场的份额已部分被越南、孟加拉国、印度、巴基斯坦、柬埔寨等东南亚和南亚国家取代。中美贸易摩擦以来，该趋势更加明显。《纺织导报》统计显示，越南纺织服装产业以成衣制造为主，2018 年纺织服装产业出口额达 360 多亿美元，同比增长 16.01%，一举成为世界第三大纺织品服装出口国，仅次于中国和印度。美国仍是越南纺织品服装出口的最大市场，2019 年对其出口额达 152 亿美元，同比增长 8.9%，占出口总额的 38.97%；对欧盟出口额达 44 亿美元，同比增长 2.23%，占出口总额的 11.28%；对中国出口额达 42.5 亿美元，同比增长 7.05%，占出口总额的 10.9%；对日本出口额达 42 亿美元，同比增长 4.79%，占出口总额的 10.77%；对韩国出口额达 40 亿美元，同比增长 4.42%，占出口总额的 10.26%；对东盟出口额达 21 亿美元，占出口总额的 5.38%。印度方面，纺织品出口已成为其纺织服装产业的核心项目。2011—2018 年，印度的纺织品出口保持稳步前进状态，2018 年其出口总额达到 392 亿美元，在印度贸易出口总额中占有较大比重。在服装方面，印度是全球服装生产大国之一，成衣产品是印度纺织出口最大的贡献者，在整个纺织品出口中约占 40%。印度的服装市场规模曾在 3 年时间内从 13.60 亿美元发展到 21.15 亿美元。但近几年受中国大陆激烈的竞争、卢比升值、印度国内产能限制及缺乏高级面料的影响，成衣的出口增长缓慢。全球纺织产业链供应链格局的加速重塑，一方面对我国现有纺织产业发展造成了不小压力，另一方面也为全行业进一步提质增效、转型升级、加快向全球产业价值链高端布局提供了发展动力。

纺织服装产业在国际上的转移也呈现出转移领域向纺织服装产业链的上下游环节延伸和外包成为产业转移的重要方式两个新特征。

第一，相对而言，产业的最终产品制造环节进入壁垒较低。不少发展中国家的纺织服装产业在接受了发达国家转移生产能力的基础上，逐步具备了通过国内积累实现自我发展的条件。在这种情况下，纺织服装产业国际产业的转移步伐并未因此停止，而是其转移的重点领域和方式发生了新的变化。欧、美、日等国家和地区纺织服装产业的大跨国公司开始在纺织原料、高级服装面料等产业的上游环节以及设计、展示、营销等下游环节进行大规模的海外直接投资。产业转移向上下游环节的延伸为发达国家在发展中国家投资的纺织服装企业以及当地企业提供了更全面的配套，有助于在当地形成产业集群效应，从而完善产业链条，进一步降低生产和销售成本。

第二，在日趋激烈的国际竞争环境下，纺织服装产业的“外包”已经不再仅局限于传统意义上的“代工”（OEM）和“贴牌生产”，外包业务的范围从成品加工逐步扩展到了纺织原料和纺机研发、产品设计、展示、营销等更多领域。一方面，纺织服装产业出现了越来越多专门从事研发、设计、展示、营销的公司，这些公司凭借其突出的核心能力掌控着行业的战略资源；另一方面，随着发展中国家纺织服装企业生产规模的扩大及其设计能力和产品质量的改进，其中一些企业已经不再被动地接受发达国家大跨国公司的资产转移，而是更广泛地参与跨国公司的全球生产体系，其作为合同制造商在行业分工体系中的地位有所提高。外包的发展使纺织服装产业国际产业转移的方式更趋多样化。同时，外包并不排斥资产转移，相反，外包为全球纺织服装产业内部的要素流动和资源整合提供了更加灵活、多样化的组织方式。在这种方式下，纺织服装企业可以形成多种有效的分工和战略合作关系。

（四）数字化智能化转型是提高我国纺织服装产业稳定性和竞争力的重要机遇

从目前纺织行业整体情况来看，设备自动化、数字化改造力度较大，设备联网、生产实时监控成效明显；纺纱和化纤长丝智能制造生产线在近两年内可实现夜间无人值守，纺纱过程的无人化将可以实现；电脑横机、经编设备的数字化和数字加工中心，提升了针织生产的整体智能水平；印染行业生产工艺流程的自动化控制和智能物流输送技术的应用越来越广泛，代表性的数字化印染工厂初步形成；非织造布全流程自动化以及前端加料与后端分切、卷绕、包装自动化进展较快；服装缝制单元自动化水平明显提升，缝纫过程实现吊挂化，服装智能制造整体解决方案日趋成熟，服装大规模个性化定制与协同制造得到发展；家纺的毛巾、床品等品类的智能生产逐步兴起，智能输送、智能悬挂、智能仓储取得较大进步。终端成品的销售还可以借助电子商务优势实现线上引流线下、实体门店智慧化升级等。

纺织行业智能制造的实践，在提高生产效率、提升产品质量、加快市场反应速度、缓解用工短缺和环境制约方面发挥了重要作用。但目前仅仅实现了自动化、数字化和信息化，离真正智能化要求还有不小的差距。与国外先进水平相比，我国在纺织装备互联互通，纺织产业链各领域的数据采集、信息融合、智能执行，以及企业智能运营等方面还有一定差距。

数字化转型能力已成为中国纺织服装产业赢得当下和未来发展的关键所在与核心动能。人体大数据支撑了“一人一码”的定制化版型，人工智能软件大幅提高了设计效率，区块链技术已用于设计版权的溯源保护，虚拟实现运用可立体展示设计效果增强消费者的体验感，数字技术与时尚设计融合展现出巨大的前景。据国家工业信息安全发展研究中心报告显示，近年我国纺织行业开展服务型制造的企业比例已达 20% 以上；纺织工业个性化定制企业比例为 10% 以上，实现网络化协同企业比例近 40%，数字化研发设计普及率近 68%。纺织工业的数字化、协同化生产程度不断提升，数据驱动的柔性供应链成为重要发展方向。

五、新发展格局下提升纺织服装产业链供应链稳定性与竞争力的主要思路与路径

（一）提升纺织服装产业链供应链稳定性与竞争力的主要思路

纺织工业是我国最有潜力率先跨入世界制造强国行列的工业部门之一。目前，我国纺织工业实力已居世界前列，在产业链重点环节中，我国骨干企业已经达到国际领先水平。当前，纺织服装产业要构建以内需市场为战略基点、以国际市场为优质补充的发展新格局。国内要加快产业数字化转型降本增效，发挥工业互联网、供应链管理、个性化定制、电商平台和国潮文化发展等各种优势塑造竞争新赛道；国际上以有引导的对外转移保留产业链控制力，继续坚

持高水平对外开放，引进先进装备、技术、资本、人才、优质国际产业资源。最终实现持续提升供给质量、提高供给效率、创新供给方式、丰富供给内涵。

（二）政策建议

1. 加快纺织服装产业的数字化智能化改造

全行业应加强协同创新，不断完善和改进智能制造基础水平。夯实基础，不断规范和完善智能制造标准体系；促进集成，培育智能制造生态；扩大应用，进一步提升智能制造改造传统产业的力度。

在制造模式变革方面，传统纺织要从大量用人的制造模式转变为自动生产、自动物流、自动仓储、自动检测的少人、无人制造模式；从基于工艺准则的制造模式转变为数据驱动的智能优化制造模式；从线性制造模式转变为互联互通的网络化生产模式；从基于大规模订货的制造模式转变为多品种小批量柔性化制造模式，从单一工厂运营模式转变为分布协同式制造运营模式。

在服务制造变革方面，传统纺织要从生产决定消费的制造模式转变为消费决定生产的模式，消除生产者和消费者界限，推动纺织制造满足个性化消费趋势。

2. 发挥我国电子商务新优势

强化电子商务培训，提高运营管理能力。各地应加强电子商务人才引进与培育方面工作，分门别类地开展电子商务基础、操作及能力提升培训，加快培养一支实际操作能力强的电商带头人队伍。

开展会展等商务对接，促进线上线下同步发展。推动各大电子商务机构组织会员参加展会，或者组团直接与上下游客户采购对接，提高销售成效。

加强技术服务，提升企业智能化水平。根据企业发展需求，专业服务机构研发实用性软件，为企业网络化智能化创新做好基础服务。例如，为纺织服装企业提供从微网站到微营销等一系列技术支撑服务；基于服装档口传统管理方式的特征以及亟待解决的运营难点，研发设计数字信息化解决方案，集管理、销售等多功能于一体的创新型商户档口运营管理工具，通过微线上货品展示，预订单下单，快捷准确及时地把采购商的需求传达给商户；深度融合了线上虚拟交易平台与线下实体档口，帮助商户开拓线上销售渠道，打造全渠道营销。

完善物流及售后服务体系。充分利用原有的实体空间完善其仓储，并且确保大中城市较为全面的仓储建设，以方便补充和调配货源。售后服务方面，保证企业在电子商务渠道下的服务内容应该保持与传统渠道一致。

进一步发挥我国电商平台优势，更好地掌握市场渠道，助力纺织服装企业更好发展。我国在电商、互联网等数字化技术上走在全球前列，建议进一步发挥这一优势，支持跨境电商平台更好发展，提升对国际市场的渗透率。引导纺织服装企业利用电商平台和数字技术，更快地了解国内外消费者需求，持续不断推出符合国内外市场潮流的产品，打造同传统国际品牌商的竞争新优势。

3. 强化品牌发展战略

产品的质量是品牌发展的根本。加快完善纺织工业创新体系。要把对关键纺织机械、高性能纤维等短板领域的发展上升到强国战略的高度，加强创新资源的整合共享，发挥国家工程中心、企业技术中心、国家工程实验室等科研基地的引领和辐射作用，加快纺织机械行业技术、高性能纤维创新服务平台建设。加强共性技术研发和推广应用，特别是关系行业发展的重大关键技术、共性技术、基础工艺技术、重大装备和新技术的研发等。加强知识产权保护，引导和支持纺织机械、纺织纤维企业创建自主品牌。

服装产品方面实现产品差异化。从服装的面料、色彩选择、设计风格等方面入手，避免低端同质化现象。服装产品对设计水平的要求很高，需要健全设计师培养体系，培养更多优秀人才，在面料开发、款式设计上有所突破，提高设计水平才能从根源上提高产品的品牌辨识度。此外，企业也可以寻求在各个环节上的跨界合作，通过与其他领域的合作商合作研发出不可替代的产品，强调产品的独特性，培养客户忠诚度。

充分挖掘中国文化。一是产品设计上，更加注重中国文化元素与民族精神的融合运用，包括美好寓意的传递、个性主张的表达、中华文化的植入；二是营销模式上，更加注重借助与凝聚中国文化的机构、场所联合，提升品牌的中国文化内涵；三是品牌文化建设上，更加明晰战略定位，合理定位品牌消费人群，建立与消费人群相适应的品牌文化，注重以品牌引领生活方式，倡导“时尚、自由、自然”等当代生活方式。最终利用品牌文化赋予产品品牌个性和更高的附加值。

4. 充分利用国际资源推动产业链各个环节的升级

吸引大跨国公司对纺织服装产业投资，优化产业链，完善产业体系。目前，我国纺织服装产业仍具有吸引外商投资的有利条件和较大空间。一方面，要继续优化中西部地区的投资环境，促进因东部沿海地区成本上涨而意欲转移的资本向中西部流动，以提高中西部地区的工业化水平。另一方面，为纺织服装产业大跨国公司对华投资创造条件。在跨国公司的全球布局中，争取获得其产品价值链的关键环节，从而完善纺织服装产业体系，进一步提高我国纺织服装产业的国际分工地位。在吸引大跨国公司投资的过程中，各地应根据自身的比较优势和发展战略，对引资的重点领域进行重新定位，形成“产业集群”效应，扩大规模经济。

引导企业合理、有序开展对外投资。有关部门加强研究纺织企业对外投资产业政策，开展纺织行业海外投资重点领域、重点区域指导，提高行业跨国布局效率。重点引导企业继续整合国际产业链、价值链高端资源，包括高端制造能力、品牌及渠道、研发技术资源等；投资纺织原料基地，弥补国内天然纤维和石油资源短缺。着重引导纺织企业加强与“一带一路”沿线巴基斯坦、乌兹别克斯坦、埃及、埃塞俄比亚等亚非重点国家的国际产能合作，打造现代纺织工业园区、现代纺织生产性服务体系，将纺织行业打造为“一带一路”倡议标志性合作示范项目。

5. 优化纺织和服装业市场结构，培育具有全球竞争力的纺织服装集团

优化纺织产业布局。完善中西部地区政策环境与投资环境，鼓励和引导先进、优质纺织制造产业优先选择国内产业转移，鼓励纺织企业通过产业区域转移加快技术装备更新升级，更好地化解环境、成本压力。加强政策协调，针对中西部地区研究更为有力的税收、土地、财政支持以及排污指标倾斜等激励措施，增强企业投资积极性。加强政府服务功能，解决基础设施、人才短缺、投资政策不连续等制约产业转移的基础性问题，改善投资环境。支持相关行业性公共服务体系发展，搭建投资对接平台，开展咨询、培训等公共服务，推动纺织行业国内产业转移进程。

完善营商环境。妥善解决中美贸易摩擦问题，稳定对外贸易环境和企业发展信心。落实好禁止环保“一刀切”有关政策措施，对政策落实情况进行跟踪调查，切实保障企业生产运行环境稳定。加强对金融机构的信贷指导，不断拓展产融合作措施路径，有效解决企业长期面临的融资难、融资贵问题。完善产业政策，增强产业政策的普惠性和正向引导作用，促进资本、人才等相关市场资源向纺织行业有效流动。

激发内需市场消费潜力，扩大产业用内需应用。积极引导纺织企业落实“三品”战略，提升品牌产品与内需消费的适应性；加强对优势自主品牌的宣传推广，扩大自主品牌消费需求；加强质量、知识产权及电子商务监管，规范市场竞争秩序。多方采取措施稳定就业与收入，减少个人所得税纳税额，降低消费信贷利息及费用，提高居民购买力。运用好政府采购措施，扶持自主品牌，增强结构、土工、建筑等纺织产品参与采购竞争。完善应急产品政府采购以及实物储备和产能储备机制，增加救灾帐篷、防洪抗汛土工膜袋等特殊纺织品需求。研究对生物质纺织农膜等生态环保农业用纺织品给予应用补贴。

许召元　孙昊

参考文献

[1] 陈文晖. 中国纺织服装业升级发展的思考——改革开放40年纺织业发展考略[J]. 经济研究参考，2018（61）:75-80.

[2] 工业和信息化部. 关于推进纺织产业转移的指导意见[R]. 2010.

[3] 郭晶. 新零售时代快时尚服装业发展模式研究[J]. 纺织科技进展，2020（8）.

[4] 李锋白. 分类施策纺织行业审慎推进智能制造[J].中国工业报，2018（12）：56-57.

[5] 刘婧，程凯芳. 李宁vs安踏：体育用品专利技术竞争情报研究[J]. 中国发明与专利，2019（4）：56-62.

[6] 杨丹辉. 纺织服装业国际产业转移的特征与我国利用外资的趋势[J].中国经贸导刊，2004（22）.

[7] 赵永霞，刘凯琳，张荫楠. 世界纺织版图与产业发展新格局（四）[J]. 纺织导报，2020（1）.

[8] 赵永霞. 世界纺织版图与产业发展新格局（五）——越南篇[J]. 纺织导报，2020（2）.

[9] 中国纺织工业联合会. 纺织行业“十四五”发展纲要[J]. 纺织科学研究，2021（7）.

[10] 中国纺织工业联合会. 中国纺织工业发展报告[M]. 北京：中国纺织出版社，2021.

[11] 朱启兵. 劳动密集型制造业转移与产业集聚——以纺织服装业为例[R]. 中银国际证券，2019.

[12] 朱茜. 中国纺织产业迁移路径及纺织产业发展趋势全景图[R]. 前瞻产业研究院，2019.

[13] WTO. Global Value Chain Development Report 2019.

提高我国钢铁产业链供应链稳定性与竞争力研究*

我国钢铁行业经过多年发展，已经获得了长足的进步，形成了以铁矿石、焦炭为源头的长流程和以废钢、电力为源头的短流程两种典型生产流程。目前我国钢铁行业已经形成完整的上中下游产业链，在国际市场具有较强的竞争力。但不可否认的是，目前钢铁行业短板问题依然突出，具体包括铁矿石、合金材料供求矛盾加剧，节能减排、实现“碳中和”目标存在较大压力，高性能合金钢存在技术瓶颈，智能化程度不高四大问题。为了提高产业链供应链稳定性与竞争力，核心在于创新，需要建设高质量原料保障体系；坚持助推我国钢铁行业向绿色化与低碳化转型；促进钢铁行业智能化与数字化发展；始终将核心技术攻关作为科技创新的主攻方向。

钢铁行业需要立足国内国际视角，敏锐捕捉时代下的新机遇，争分夺秒补短板、强长板，从跟跑者转变为生产领跑者，重塑竞争优势，实现高质量发展。

* 本文成稿于2021年12月。

一、钢铁行业产业链基础框架概述

（一）钢铁生产基本流程

现代钢铁生产主要包括两种典型流程：一种是以铁矿石、焦炭为源头的长流程，另一种是以废钢、电力为源头的短流程。长流程包括焦化工序、烧结工序、高炉炼铁工序、转炉炼钢工序、连铸工序和轧钢工序 6 个工序。短流程主要包括电炉炼钢工序、连铸工序和轧钢工序。受资源与政策限制，我国废钢积蓄量较低，且锻炼技术较落后，因此我国钢铁行业形成以长流程为主，短流程为辅的生产格局。为进一步降低全废钢冶炼成本，我国钢铁企业在电炉冶炼环节加入部分铁水以缩短生产周期，形成颇具中国特色的短流程生产方式。

与我国长流程为主的生产模式不同，国际上主要采用电炉炼钢。相较于长流程炼钢，采用短流程冶炼废钢，每吨可以节约 0.4 吨焦炭，减少 1.7 吨铁精矿粉，少开采 4.3 吨铁矿石原矿，实现减排 1.6 吨二氧化碳。目前各国都大力发展电炉炼钢工艺，世界电炉钢产量约占 30%，欧美发达国家超过 70%，而我国短流程起步较晚，电炉钢占比仅 10%，远低于世界平均水平。

（二）产业链上游：煤炭、铁矿石

1. 中国因素推动世界对铁矿石需求持续旺盛

目前，全球电炉钢产量占比已逾三成，而我国转炉生产工艺产钢比例达到 71%，粗钢产量约为 13 亿吨，所需铁矿石 20.8 亿吨，中国短流程工艺对铁矿石的旺盛需求使得国际炼钢在长期仍以铁矿石为主要原料。

2. 四大矿商对全球铁矿资源高度垄断

我国作为炼钢大国，对铁矿石具有巨大需求。我国铁矿石储存量虽较大，但品位较低、开采与加工费用较高，需要大量进口。目前全球优质铁矿石原产地主要分布在澳大利亚、俄罗斯、巴西与非洲，诞生了淡水河谷、力拓、必和必拓和 FMG 四大矿商，四大企业垄断世界过半铁矿石资源，且全球开采成本最低的十大矿山均受四大矿商掌控，他们的铁矿石原料价格为 20 美元 / 吨，仅为世界成本的 2/3，淡水河谷矿石开采成本甚至低于 10 美元 / 吨。此外，十大矿山的铁矿石产量占全球 1/3，仅排名前三的淡水河谷北部系统、杨迪联合体和 S11D 三座矿山就满足了世界 13% 的铁矿石需求。

3. 长流程将长期作为世界钢铁主流的生产工艺

目前世界钢铁生产依旧以长流程为主要的生产工艺，铁矿石将长期位于原材料的主导地位。以中国为例，中国的长流程炼钢量占全国产量的九成。虽短流程有了长足发展，但由于铁矿石价格上涨、新冠疫情下电炉钢开工率不足，电炉钢未来发展前景不甚看好，这决定了长流程工艺将长期在世界钢铁生产中扮演主要角色，意味着铁矿石需求将长盛不衰。

4. 严格的“碳中和”“碳减排”政策刺激高品位铁矿需求

世界环保政策日益严格，为满足环保与“低碳”红线，钢铁企业倾向于采购高品位铁矿炼钢降低碳排放。高品位铁矿主要包括球团、高品质铁矿与直接还原铁 3 种，而这 3 类铁矿主要由四大矿商垄断，高品位铁矿资源的垄断导致铁矿石价格高涨。以 65% 品位铁矿石为例，其价格已经几乎为58%品位铁矿石的两倍，预期除了四大矿商之外，其他非主流的铁矿供应商也会遴选高品位铁矿作为主要商品提供。

5. 废钢资源的逐步利用降低了铁矿石依赖

近些年，全球废钢积蓄量进入了爆发期，废钢产出飞速增加，目前全球废钢产出比为30%，而我国仅为20.2%，存在较大的提升空间。“碳中和”和“碳达峰”环境规制与更强的督察力度导致我国废钢使用积极性得到明显提高，应用比例也逐步上升，而废钢的利用也让我国钢铁行业逐步摆脱对外依赖，成为铁矿石市场议价的重要筹码。

（三）钢铁产业链中游：冶炼及加工

钢铁行业的中游环节包括从生铁制备粗钢再到加工生产各类钢材的全过程。我国钢材产品主要包括螺纹钢、线材、冷轧板卷、热轧板卷、涂镀层、中厚板等。目前我国已经涌现出一大批龙头企业，包括武宝钢铁、河钢、沙钢、鞍钢等。我国粗钢产量前五省份为河北、江苏、山东、辽宁与江西。2020年，河北省钢铁累计生产24976.95万吨，占全国当年粗钢产量25.56%。

世界三大特钢产地为日本、欧洲与中国。中国作为特钢生产大国，其产品以中低端为主，且呈现高度集中化，天工国际、东北特钢、攀钢长钢、广大特材、宝钢股份和齐鲁特钢6家公司产量占到国内市场总额的80%以上。特钢市场还可以细分为高速钢市场与工模具钢市场，作为新兴钢铁市场，其集中度仅为35.8%。我国高速钢主要的供给商为天工国际和河北冶金，但该市场主要被法国公司

Erasteel 垄断。

（四）钢铁产业链下游：生产及制造

我国钢铁产品分布行业广泛，主要涉及基建、房地产、机械、汽车、船舶与家电行业。钢铁下游总体需求稳定，保持着持续增长，这是因为钢铁需求依赖于基建与房地产市场的稳健运行。此外，钢铁产业链下游具有明显的区域特征，钢铁产品消费企业主要集中于长三角与珠三角地区，龙头企业集聚优势明显，主要分布在山东、江苏与广东。

二、钢铁行业全球竞争力分析

（一）产品门类优势

我国行业门类齐全，已经形成包括选矿、烧结、焦化、炼钢、轧钢、耐火材料、钛合金等，以及勘探、设计、施工、科研等门类齐全、结构完整的工业体系。目前我国钢铁行业形成以高端产品出口为主、低端产品出口为辅的新格局，高端产品包括不锈钢、冷轧板卷、热轧薄板、硅钢片、镀锌板、电炉钢、特种钢；低端产品包括螺纹钢、小型材、线材等普通钢材。截至 2019 年，我国 22 大类钢铁产品已经有 19 种完全实现自给自足，其余 3 种自给率也达到了 98.8%，产品门类齐全。

（二）产业规模优势

中国作为世界上钢铁产量第一的产能大国，2020 年钢铁产量占全球总产量的56.7%，远超第二大国印度的5.95%。同时，中国也是世界上最大的钢铁出口国，钢铁出口总量占全球的14.63%，约是第二大国日本7.59%的两倍。

（三）炼钢技术优势

经过几代钢铁人的刻苦研发，我国钢铁科技水平已进入世界领先梯队。我国炼钢技术优势体现在3个方面：第一，汽车用钢，大型变压器用电工钢，高性能长输管线用钢，高速钢轨、建筑桥梁用钢实现全球领先；第二，部分钢材实现了减重减碳的任务，如宝钢QP1500高强度汽车钢，其重量相较于上一代降低了20%；第三，解决了部分高性能钢“卡脖子”的难题，如极低铁损取向硅钢、600MPa ~ 750MPa级高精度磁轭钢、先进核能核岛关键装备用耐蚀合金、核电用不锈钢、高品质汽轮机叶片钢、低温管线钢、基地特种低温钢等。这部分高性能钢研发难题的攻克，标志着我国国防军工发展进入了新的阶段，“华龙一号”“雪龙2号”等顶尖设备，白鹤滩水电站、中俄东线天然气管道等重大工程均实现了钢铁材料全国产化。

（四）炼钢装备优势

在焦化供需方面，我国大容积焦炉顶装达8米，我国炭化室高5.5米及以上先进水平焦炉产能已占55.6%，其中干熄焦、上升管余热利用、循环氨水余热利用、焦炉烟道气脱硫脱硝、酚氰废水深度处理等先进技术实现了全国产、全行业推广。

在铁前工序方面，1000立方米以上高炉近20年扩增9倍，已达450座，其中130平方米以上烧结机占比达到75%，单机生产能力≥120万吨/年的球团装备产能增加至1.5亿吨，占比达到60%左右。

在连铸方面，我国连铸设备实现大型化、国产化。其中100吨以上转率占比超过50%，达到440座，初步实现100吨级主力化。

在轧钢工序方面，我国在日本、德国技术的基础上推陈出新，基本实现国产化，过去流行的横列式型钢轧机已经逐渐被淘汰，并研发出具有独有知识产权的轧钢技术，如攀钢百米钢轨全长余热淬火工艺技术、本钢2300mm热轧机技术、鞍钢5500mm厚板轧机等。

在公辅设施方面，随着生产安全要求与电能质量诉求的提高，钢铁企业逐步淘汰FC固定补偿与接触器控制自动补偿两类电压控制，目前以静止无功补偿器（SVC）和静止无功发生器（SVG）为主要手段。为降低电器能耗，二级能效以上的节能变压器成为主流，空载损耗得到合理压缩；电机使用方面，钢铁企业也大胆尝试新型电机，如永磁调速电机、开关磁阻电机等。

在余热使用方面，热电工艺实现突破，全燃煤气锅炉发电技术实现全行业使用，中温中压逐渐转变为高温高压等高参数发电。目前中温中压机组已经减少至20%以下，主流的机组为高温超高压和高温高压，分别占比45%和25%。

（五）钢铁物流网络完善

钢铁物流工程的全面推动，使得钢铁物流集散中心在全国遍地开花，物流渠道畅通、高效。目前针对钢铁自身特点，物流服务采用多种方式的运输途径，铁矿石、焦炭等原材料采用海运运输；初级、次级加工品以陆运为主要服务手段；钢铁成品则采用干线方式连接厂商与客户。我国完善的物流网络充分发挥其优势，帮助钢铁产商与上下游建立紧密的联系与畅通的资源渠道。根据我国物流中心统计调查，2018 年我国钢铁物流成本占比已经进一步压缩，靠近国际领先水平（7%），仅为 12%。

三、钢铁产业短板问题

（一）铁矿石、合金材料供求矛盾依然存在

目前我国钢铁行业资源配置、保障体系不健全，顶层设计缺失成为掣肘行业发展的关键因素。“十四五”期间，我国钢铁生产突破新高，对原材料的需求也水涨船高，而严格的环境规制政策使得我国必须摒弃低品位矿，对高质量矿石更加渴求。受中美贸易摩擦、新冠疫情等大环境因素冲击，钢铁产业急需的铁矿石、锰矿、铬矿、镍矿价格暴涨，挤压本就微薄的盈利空间。目前，钢铁行业原材料供应链脆弱主要体现在以下方面：

第一，我国铁矿石品质差、难开采，产能无法满足国内需要。我国虽然是铁矿石存量大国，但资源禀赋极差，90% 以上铁矿石均属于贫矿。目前世界主要的铁矿石出口国巴西与澳大利亚平均品位分别达到 52% 与 48%，但是我国铁矿石平均品位仅有 35%。除了含铁量较低之外，我国铁矿石以磁铁矿和赤铁矿为主，部分为假象赤铁矿和半假象赤铁矿，冶炼难度极大、成本极高。我国铁矿石除质量较差之外，开采难度也远高于巴西和澳大利亚。巴西和澳大利亚

铁矿石埋藏较浅，我国均深藏地底，开采成本甚至比进口还要高出50美元/吨。另外，锰矿资源“贫、杂、细”，生产安全问题与环保问题难以得到保证；铬矿、镍矿分布广泛，生产不具有集聚效应，产能无法保障我国钢铁行业的实际需求。

第二，我国原材料对国外过于依赖，进口来源过于集中。我国铁、锰、镍对外依存度已突破80%红线，铬矿甚至全进口。2020年我国进口的铁矿石数量已达到11.701亿吨，全球占比70.57%。四大矿石的进口国也高度集中，80%的铁矿石来源于澳大利亚与巴西；55%的锰矿来源于澳大利亚与南非；10年间，从南非进口铬矿占比从49.5%跃升至80%；镍矿超过95%来自于印度尼西亚与菲律宾，且这种高度依赖、高度集中的状况将维持很长一段时间。

第三，优质矿产海外生产基地“出海”陷入瓶颈。目前我国铁矿石资源保障并不存在，铁矿权益矿不足1亿吨，锰矿权益矿不足400万吨，铬矿、镍矿权益矿不足1000万吨。海外基地建设缓慢使得我国供应链更加不稳定与脆弱。

第四，环保政策导致我国废钢、再生钢无法实现进口保障。2018年，废五金等16种固体废物禁止进口；2019年7月起，废钢被纳入《限制进口类可用作原料的固体废物目录》范畴，我国废钢进口进一步受到限制。2020年废钢进口同比减少90.2%，废钢有效供给受到进一步限制。

（二）“碳中和”目标实现任重道远

1. 钢铁生产碳排放量大、个体能耗较高

根据全球能源互联网发展合作组织《中国2030年前碳达峰研究

报告》显示，2019 年我国全社会碳排放约 105 亿吨，其中能源活动碳排放约 98 亿吨，占比达 87%。钢铁行业是能源终端消费领域碳排放最大的行业，占能源活动领域碳排放量的 17%，远高于排在第二位、第三位的建材（8%）和化工（6%）行业。2017 年，我国每吨钢排放 2 吨二氧化碳，远高于国际先进水平。2018 年，我国重点大中型钢铁企业吨钢综合能耗达 555 千克标准煤，远高于德国 251 千克标准煤、美国 276 千克标准煤。

2. 钢铁物流运输碳排放量较大

我国已经建成世界最大的钢铁物流网络，有效地沟通了钢铁行业上下游。我国钢铁物流运输碳排放较大主要有以下几点原因。第一，我国铁矿石原料资源禀赋较差，钢铁生产依赖于进口，而长距离海运必然产生大量的碳排放。第二，我国钢铁产业供需结构呈“北材南运”的特点，原材料产地主要集中于渤海湾地区，钢铁企业主要分布于长三角、珠三角地区，大宗原料运输路程遥远，运输目的地分布分散、广泛。第三，钢铁生产工艺影响。我国目前钢铁生产以长流程为主，运输流程复杂。以生产 10 亿吨为例，对应物流量约为 100 亿吨，其中 40% 为厂外运输，60% 为厂内运输。第四，钢铁物流运输方式影响。目前我国钢铁运输主要采用公路运输，该运输方式相较于铁路、水运等清洁运输方式，排放了更多的二氧化碳。

3. 钢铁行业节能减排存在不平衡特点

纵观我国钢铁行业发展历程，钢铁行业是环境诉求不断提高与产业发展矛盾激化的典型行业，阶段性、结构性矛盾突出。钢铁企业环保水平发展高低不平衡，新旧技术升级换代不平衡，各地区之间环境容量、承载力也存在差别，特别是钢铁企业对环保技术的重视程度也迥异，不平衡特点与矛盾突出。

4. 能耗标准升级挤压节能空间

近些年我国钢铁企业大力发展炼钢设备，经济指标、能耗标准、生产工艺均达到世界顶尖水平，节能减耗也走到了世界前沿。钢铁企业生产规模、冶炼工艺与装备确定之后，能耗指标就有了一个下降范围，不可能无限下降，而我国钢铁行业目前可供挖掘的空间已基本被开发，环保压力又倒逼企业加大节能技术的研发力度，但依靠设备进步已经收效甚微，能耗标准的趋严让企业面临较大的环保技术突破与创新压力。

（三）高性能合金钢存在技术瓶颈

1. 高端设备用钢差距较大

总的来说，我国高端设备用钢材料整体处于中低端水平，生产高端设备用钢的核心零部件与设备尚不能实现自给自足。基建领域，特种耐腐蚀油井管、船用耐蚀钢、高速铁路用车轴及轴承钢、高标准模具钢尚不能实现国产；海洋工程与船舶用钢领域，普通海洋装备用钢可以基本实现自给自足，但是高端领域尚未实现零的突破，其关键高性能海洋装备用钢见表 2。

表2　关键品种国内外差距

关键品种	国内先进水平	国际先进水平	自我评价
高强度厚板	460MPa ~ 690MPa，E级焊前预热80℃ ~ 120℃	690MPa ~ 785MPa，F级室温焊接不预热	并跑
690MPa级齿条钢特厚板	620MPa，E级厚度114mm ~ 152mm	620MPa ~ 720MPa，F级厚度127mm ~ 256mm	跟跑
大口径高强度无缝管	690MPa ~ 720MPa，E级最大壁厚20mm	690MPa ~ 720MPa，F级最大壁厚40mm	跟跑

续表

关键品种	国内先进水平	国际先进水平	自我评价
高强度大规格H型钢、T型钢	355MPa～390MPa，E级翼缘厚度小于40mm	460MPa～550MPa，F级翼缘厚度100mm，腹板长430mm	跟跑
高强度大规格球扁钢	非调质355MPa，D级最大厚度规格36#	非调质390MPa，E级最大厚度规格43#	跟跑
货油舱用耐腐钢	315MPa～355MPa，上甲板ECL=1.28mm，内底板C.R.=0.24mm/a	315MPa～355MPa，上甲ECL=1.53mm，内底板C.R.=0.5mm/a	并跑

资料来源：《中国钢铁工业年鉴2020》。

此外，我国大型飞机结构性用钢起步较晚，在高性能理论设计、自主装备研发、性能优化等领域还处于跟跑阶段。国防领域对高温合金钢有较高要求，关乎我国国家安全，虽然我国高温合金钢与发达国家差距缩短，但是依然不足以独当一面，高温合金钢国内外差距见表 3。

表3　高温合金钢国内外差距

关键材料	国内先进水平	国际先进水平	自我评价
涡轮盘用变形高温合金钢	实用化合金钢最高使用温度700℃	实用化合金钢最高使用温度750℃	跟跑
涡轮盘用粉末高温合金钢	一代批量应用，二代研制成功	二代批量应用，三代研制成功	跟跑
涡轮叶片用单晶高温合金钢	一代、二代实现应用，三代、四代研制中	三代、四代实现应用	跟跑

资料来源：《中国钢铁工业年鉴2020》。

2. 高端合金钢产学研合作不足

高性能合金钢离不开理论积累、广度与深度研究，需要高等院校、研究所等科研机构长期进行技术攻关，但是目前我国特种钢与高性能合金钢产业一体化基础研究薄弱，研发费用较低，技术创新、攻关困难，新产品很难实现从落地到市场运用。

3. 高性能合金钢缺乏规范化市场标准

钢铁行业产品标准缺失与滞后，一方面导致高精尖产品缺乏有效的产品质量鉴别机制，另一方面运用面较广的行业制品稳定性与安全性得不到提升，不良率相较国外普遍较高。目前，统一标准的缺失掣肘高性能合金钢与特钢行业的发展，要想实现中国国产钢铁产品的技术突破，特钢产品标准的制定显得尤为重要。

4. 钢铁产业智能化不足

目前我国钢铁行业智能化进程步履艰难，其主要问题包括：第一，我国自主创新能力有待提高，核心技术距离完全国产化还存在较大距离；第二，钢铁行业尚未建立统一的数字化标准，企业信息化建设缺乏合理标杆；第三，人才匮乏，钢铁行业急需数字化、信息化核心人才；第四，钢铁大数据尚未得到合理运用，分析、挖掘水平不尽如人意；第五，钢铁企业智能制造配套数字化服务产业还处于萌芽阶段，尚未实现集群化效应。"十四五"时期是我国钢铁行业转型关键期，其攻坚克难的关键在于如何实现数字化与智能化转型，从而实现推动生产工艺优化、有效降低成本、满足客户个性化诉求、拟合与计算碳减排空间等目标。

四、新发展格局下提升产业链供应链稳定性与竞争力的主要思路与路径

（一）提升产业链供应链稳定性和竞争力的总体思路

目前，受中美贸易摩擦、新冠疫情等事件影响，世界经济充满

不确定性。中央审时度势，创造性地提出了构建“双循环”新发展格局，强调积极参与国际合作，反对贸易保护主义与单边主义，培养产业新竞争优势。钢铁行业也应充分认识到国内外政治、经济形势转变，抓住机遇，加紧调整产业结构，争分夺秒发挥创新驱动新产能，补短板、强长板，培养钢铁行业竞争新优势。

（二）提升产业链供应链稳定性和竞争力的总体布局

第一，加速科技创新，打造发展新动能。目前我国钢铁行业发展进入瓶颈期，产品技术含量不足成为掣肘的关键因素，想要实现从钢铁生产大国转向钢铁制造强国，完善科技体系、培养核心技术成为关键。我国钢铁行业应基础研究与应用研究并重，合理运用科研资料，加强人才培养，集中力量攻克前沿技术、核心工艺、关键品种生产流程，实现低碳冶金、近终形制造、智能制造等方面快速超车。

第二，补足原材料短板，维护钢铁生产安全。目前我国铁矿石对外依存度超过 80%，产业链存在巨大风险，钢铁原料供应脆弱极易引发钢铁生产系统性风险。一方面我国要整合国内资源，充分利用本国的资源禀赋，避免浪费；另一方面注意原料“开源”，如积极引入废钢，投资开发国外矿场、矿山。在注重铁矿石供应安全的同时，对铬矿、镍矿、锰矿等核心材料供应的关注也不能放松。

第三，加快并购重组，提高行业集中度。我国虽是钢铁生产大国，但是行业集中度过低，存在部分打价格战、恶意压价的情况，导致我国在国际市场缺乏议价权，行业利润长期低于发达国家。虽然我国已经加快兼并重组步伐，实现武钢与宝钢重组、合并，合并后的宝武钢铁甚至一跃成为世界首屈一指的钢铁集团。但行业集中度尚未达到世界平均水平，重组的步伐还需加快。

第四，深化体制改革，加快钢铁行业生产要素流动。我国钢铁行业尚未充分发挥市场的资源配置作用，行政干预过多，国有企业改革也需要进一步深化。政府不应该成为钢铁市场生产要素分配的决定者，而应该作为监督者促进市场公平竞争。通过维护市场竞争主体公平，打击不正当竞争行为，打破要素流动壁垒，实现生产要素行业内自由流动。

（三）提升产业链供应链稳定性和竞争力的核心：创新

1. 减排节能技术创新

为了进一步适应日趋严格的环保政策，各国积极探索钢铁减排节能技术，并获得了突破性进展，碳捕集与封存技术和氢冶金技术是当前的前沿技术。碳捕集与封存技术主要是在钢铁冶炼过程中直接分离、利用或封存的技术，该技术极其适合生产环节集中、具有高强度碳排放的行业，因此该技术在钢铁行业具有广阔的运用前景。氢冶金则直接以氢代替一氧化碳进行钢铁冶炼，目前国外部分钢铁企业已经投产试点，如安赛乐米塔尔、德国蒂森克虏伯等。而我国该类技术刚刚起步，尚停留在立项阶段。

2. 钢铁回收技术创新

目前我国废钢回收、加工、冶炼还远落后于世界发达国家，废钢回收还有很长的一段路要走。随着生产效率提高与环境规制越发严格，传统设备如火焰切割和鳄式剪切机逐渐被废钢破碎线、门式剪切机等取代，基本实现全自动化生产。此外我国还涌现出一批拥有自主产权的钢铁回收技术，如水淬工艺、风淬工艺、钢渣废物利用加工为土壤固化剂等，都取得了不错的效果。

3. 数字化转型创新

钢铁行业数字化创新，可以有效地实现生产设备智能化、生产流程透明，生产也协同发展。对于钢铁产业发展存在的固有问题，如上游供应脆弱化、中游生产过程黑箱化、下游诉求“一企一策”化，都能够得到很好的解决。此外，数字化转型也是进一步落实环保政策，落实清洁生产、减碳生产的关键一步。

4. 原材料定价机制创新

可以预见，我国钢铁行业将长期对铁矿石有旺盛的需求，且随着环保政策的落地，我国对矿石品位也提出了更高要求。原材料定价机制一直为国外几大矿商所掌握，这并不利于我国建立稳定、长期的质量保障体系，也不利于我国加强国内国际双循环联动，这就对我国原材料定价话语权提出了新的要求。在国内市场，进一步提高铁矿资源集中度，保证铁矿石稳定提供，提高国内矿场竞争力。在国外方面，需要多元化进口渠道、产品来源、种类；此外，还需要积极“走出去”，参与投资国际矿场，建立海外铁矿石资源生产基地，实现钢铁产能布局与基建“出海”有机结合，实现国际循环的畅通运行。

5. 服务平台创新

目前钢铁行业尚缺乏完整、智能的供应链云商交易平台，积极开展平台技术与建设探索，构建专业、科学、安全、及时、透明的交易平台，充分发挥“互联网 +”行业拉动作用，创新交易模式，为我国钢铁行业大宗商品交易注入一股新风。过去钢铁交易环节琐碎、复杂，创新交易平台借助大数据与人工智能，贯穿产品展示、支付、提货、验货、结算、售后等所有环节，通过必要的技术支持与优化为钢铁交易节约交易时间与经济成本。

五、对策建议

（一）建设稳定、高质量钢铁原材料保障体系

构建双循环新发展格局对我国钢铁行业原材料供应链安全与保障体系建设提出了新的要求，加快构建长期、多元、稳定的原材料供给体系成为目前亟须解决的重大课题。

供给侧层面，钢铁行业应该充分领会国内国际双循环的发展理念，以供应链安全为第一要义。为打造稳定的原材料保障体系，国内市场需要对原有矿产资源进行进一步整合深化，在保证产量的基础上，调整供给结构，有序提高铁矿石品位；国际市场则要进一步拓宽进口渠道，保证进口网络长期高效。此外，还应积极“走出去”，一方面海外权益矿要基地化、可持续化，运输安全化、平稳化；另一方面就共同开发的海外矿山，合理权益比，妥善解决政治与经济风险，就国内稀缺矿种加强战略储备，并通过金融工具与衍生品市场构建原材料金融交易体系，进一步丰富资源交易手段。

需求侧层面，我国虽然是世界上钢铁冶炼原材料最大的买方，但产业集中度较低、同行恶意竞争导致我国无法在需求侧拥有有利地位，因此要把握兼并重组的关键期，通过成立几家大型钢铁企业，逐步实现掌握定价话语权的目标。

（二）钢铁行业加快绿色化、低碳化转型

目前我国钢铁产量已经突破10亿吨大关，且将长期保持较高的生产水平。“十四五”期间，我国出台了有史以来最严格的环保标准，钢铁行业也面临超低排放的现实压力。幸运的是，我国钢铁行业已经掌握了较为前沿的节能减排技术，钢铁绿色化发展走在了世界前列。一方面，我国钢铁行业废气治理与固体废物综合利用取得了可喜成就；另一方面，电炉钢冶炼比例有序提高，低碳与氢能冶炼也投入试验，为节能减排提供了新的手段与方式。我国钢铁行业可持续绿色发展，需要从以下3方面予以实现。

1. 碳排放交易市场落地

碳排放交易是基于科斯定理，将碳排放这一内部问题外部化的关键手段，其核心是将碳排放权商品化并进行交易。早在2011年我国就已经启动试点工作，2013年首个碳排放交易中心正式落地深圳，随后在北京、上海、广东、湖北等诸多省市进行大规模试点，并于2020年在全国正式启动。作为碳排放大户，钢铁市场是实现“双碳”政策的监管核心行业，未来必然被纳入碳排放交易市场，以此倒逼钢铁行业实现绿色转型与低碳技术创新。钢铁行业需要进一步建设碳排放核算体系，完善控碳生产流程，加强从业人员培养，为钢铁市场进入碳交易市场铺路。

2. 进行碳减排工艺改造

“十四五”期间，钢铁行业被视为碳减排重点改造行业。根据党中央、国务院部署，钢铁行业生产转型的核心在于用以电为代表的清洁能源替代过去的能源使用方式。

钢铁绿色生产摒弃过去长流程冶炼技术，以电炉钢与氢能炼钢为主。电炉钢以废钢为原材料，以电力为主要能源，具有能耗低、排放少的特点，符合当前的环保要求。氢能炼钢则创造性地以氢气代替一氧化碳作为炼钢还原剂，让炼钢完全脱碳成为可能。

3. 钢铁物流绿色化转型

钢铁物流作为重货物流，以陆运为主，碳排放极高，改变运输方式，多联式、智能化运输成为物流未来发展方向。第一，运输工具改变，大力推行新能源运输工具的使用，“以电代油”成为未来发展方向，同时发展氢能技术，使氢能汽车成为可能；第二，运输方式转变，铁路、水路运输相较于公路运输更加清洁，加快中长途运输“公转水、公转铁”，同时针对过去铁运“最后一公里”难题，加强高铁站与收货方的陆运建设；第三，构建信息化平台，通过大数据与人工智能，实时共享交通运输信息，统筹物流安排，提高效率。

（三）加速钢铁智能化与数字化转型

目前，智能制造成为国际产业发展的攻坚方向，如德国工业4.0、美国“再工业化”战略，都积极培育智能工业获得生产方式、商业模式、产业结构的变革，以希望获得竞争优势。然而我国钢铁行业智能化与数字化发展缓慢，大多数停留在立项阶段，大数据未得到充分利用，存在智能硬件基础薄弱、智能系统升级迟缓、企业智能创新驱动激励失效等问题。钢铁行业需要充分抓住信息革命这一重要的历史时期，在钢铁生产与管理运营中融入物联网、人工智能、大数据与云计算等技术，优化生产流程，减少决策失误，降低生产成本，培育后发优势。

1. 构建精准数据库

数字化的核心是大数据，数据质量将直接影响大数据的运用结果。钢铁企业进行数字化转型，构建精准数据库是首要前提。数据库要求逻辑清晰、构建完整，注重业务与实物紧密联系，注重数据框架、频次、分析三位一体，不可偏废，同时企业也要根据自身特点建立数据库，为数字化转型打下坚实基础。

2. 推动业务智能化，实现信息共享

钢铁行业经营管理，核心在于“人、财、物、产、供、销”6方面，而这6方面在现实经营中存在业务壁垒，信息沟通不畅，不能实现信息及时共享、业务畅通协同。通过推动智能管理建设，打破信息屏障，构建稳定安全后台、灵活统筹中台、及时高效前台，实现各部门之间数据及时共享，日常业务处理集中化、扁平化，减少决策失误，优化生产运营，简化经营流程，进一步提高生产效率。

3. 加速生产智能化

钢铁行业生产流程复杂、环节把控较难、能源浪费现象较普遍，开展智能工厂、智能公司的建设可以实现智慧赋能，对提高产品质量、增强产品效益，保障生产安全，协同产业链发展具有重要作用。此外，钢铁行业下游客户需求个性化特征明显，智能产线上线可以有效地契合业界诉求。生产设备智能化除了提质增效，还有利于解放人工，帮助员工摆脱过去脏、乱、重复低效的工作环境。如鞍钢自主研发的贴码机器人与引进的卸料机器人，减轻了工人过去的繁重劳动。除了日常生产，钢铁行业也需要加大对大数据中心、云计算实验室、区块链研究所的投入，推动钢铁生产全流程大数据建设，加强生产监督，完善实时监控，推动生产创新。

（四）将核心技术作为钢铁行业发展的主攻方向

2019年，我国进口钢材1230万吨，其中约20%未实现国产化，虽然数量不多，但这部分钢材涉及我国重大基建项目、重大科技设备等关键领域。目前我国在低碳冶金、近终形制造、智能制造、核心检测和控制设备方面还处于落后势态，过于依赖国外进口。随着技术发展，制造业对钢材防腐、轻便、焊接提出了新的要求，而我国在这些领域还处于跟跑状态。

因此，想要实现从钢铁生产大国到钢铁制造大国转变，本质上需要统筹人、财、物，集中攻克“卡脖子”的技术难关，一方面注重基础研究，另一方面紧追业界诉求，生产具有前瞻性、在业界有广阔发展前景的钢铁产品，最终实现快速超车，成为技术迭代升级的领导者。

杨建龙　常哲仁

参考文献

[1] 潘璟华. 实现高市占助力我国钢铁产业集中度持续提升[J]. 冶金经济与管理，2021（6）：14–18.

[2] 赵宏，李延辉，周光辉. 保障我国钢铁产业链供应链稳定的举措建议[J]. 冶金管理，2021（20）：31–33.

[3] 申培. 钢铁制造：数字经济的蝶变[J]. 数字经济，2021（8）：40–43.

[4] 胡兵. 某钢铁集团产业链生态圈转型战略的构建与实践[J]. 冶金自动化，2021

（45）：239–243.

[5] 马源. 国际大环境下钢铁央企产业链分析及商业银行策略建议[J]. 时代金融，2021（7）：42–45.

[6] 郭如川. 产业互联网对中国钢铁行业发展意义探索[J]. 全国流通经济，2021（13）：142–144.

[7] 李静宇. 钢铁业在机遇与风险博弈下的变革[J]. 中国储运，2021（5）：31–33.

[8] 李拥军. 助力建筑工业化，推动“钢铁—建筑”产业链的高质量发展[J]. 冶金经济与管理，2021（2）：1.

[9] 邢娜，曲余玲，秦勉. 汽车供应链安全对钢铁企业的影响[J]. 冶金经济与管理，2021（2）：36–38.

[10] 陈健，陈志. 提升我国产业链现代化水平的方略——以钢铁产业为例[J]. 科技中国，2020（9）：49–50.

[11] 焦月. 后新冠疫情时代中国钢铁市场的发展机会浅析[J]. 冶金经济与管理，2020（3）：18–23.

[12] 张燕明. 疫情过后，关于加快我国钢铁业智能制造步伐的思考[J]. 冶金管理，2020（8）：40–43.

[13] 李拥军. 应对新冠肺炎疫情挑战实现钢铁产业健康发展[J]. 冶金经济与管理，2020（2）：1.

[14] 巩聪聪，吕娟，张成德.强化内外部协同构建钢铁产业生态圈——访山钢股份党委书记、董事长王向东[J]. 山东国资，2020（Z1）：74–76.

[15] 董雅君. 浅析促进全产业链创新对于钢铁行业的重要性[J]. 冶金管理，2020（1）：176–178.

[16] 徐留平. 互利合作，互利共赢，共同拥抱更加美好的明天——产业链合作与发展专题报告会[J]. 中国钢铁业，2020（1）：15–19.

[17] 董瑞强. 产业链集群化，河北钢铁业再整合[N]. 经济观察报，2020年7月25日.

[18] 樊三彩，何惠平，贾林海，等. 钢企如何实现数字化、智能化发展[N]. 中国冶金报，2020年8月5日.

[19] 邹方筱，冯亚文，冯曼君. 打造产业转型升级示范区标杆企业——访宝地广东党委书记、总经理冯国辉[N]. 韶关日报，2021年5月8日.

[20] 贾林海. 钢铁产业链仍有“组合拳”可打[N]. 中国冶金报，2021年9月7日.

[21] 罗忠河. “双碳”正在并将重塑中国钢铁格局[N]. 中国冶金报，2021年11月4日.

[22] 孟凡君. “双碳”目标引领建设钢铁产业链保障体系[J]. 中国工业报，2021年11月19日.

[23] 汤莉. 强化资源保障夯实钢铁产业链安全之基[N]. 国际商报，2021年11月23日.

[24] 汤莉. 钢铁进出口关税政策导向延续[N]. 国际商报，2021年12月23日.

[25] 汪国梁. 锚定提质扩量增效奋力打造制造强省[N]. 安徽日报，2021年12月25日.

加快构筑我国新型显示产业链系统性竞争优势*

新型显示产业是新一代信息技术的基础核心产业，也是面向智能互联时代无所不在的人机交互的重要窗口。我国新型显示产业经过十余年快速发展，探索出了一条开放发展和科技自立相结合，龙头企业引领的规模化、市场化、国际化发展道路，已经从追赶走到国际竞争的前沿。目前我国技术成熟度最高的 TFT-LCD 液晶显示器出货量已居全球第一位，但在新一代主流显示技术 AMOLED 和更前沿的 Micro LED、QD-OLED 技术发展方面与国际领先企业仍有差距，加之产业链上游基础薄弱，难以形成系统性创新能力和产业链综合优势。建议加强政策引导和支持，加快补齐产业链短板，完善协同创新机制，探索技术追赶向创新引领的有效模式，进一步巩固和增强国际竞争优势。

一、新型显示产业链长，专业化、协同程度高，产业竞争格局处于加速重塑之中

新型显示产业具有产业链长，专业化、协同程度高，辐射带动

* 本文成稿于2022年2月。

能力强等特点。新型显示的产业链涵盖了上游的材料、元器件及设备，中游的面板制造及下游显示终端等几大环节。其中上游的材料和元器件主要包括液晶材料、OLED有机发光材料、玻璃基板、彩色滤光片、偏光片、背光模组、驱动芯片等。所用设备根据不同的技术方向，包含了曝光机、等离子体辅助化学气象沉积、准分子激光退火、磁控溅射式物理气象沉积、离子注入设备，以及蒸镀机、喷墨打印设备等。中游制造工艺与集成电路等半导体制造技术具有共通性，但又有所不同。下游则面向电视机、智能手机、笔记本电脑、VR/AR、工控、车载设备以及可穿戴设备等多种丰富的应用终端。由于显示技术的创新主要以材料的技术工艺突破为前提，同时需要先进设备和元器件的支撑，因此无论是既有技术、工艺和产品的迭代升级还是新一代颠覆性技术的创新，均离不开产业链上材料、装备、器件“三驾马车”的协同。

目前全球新型显示制造环节的竞争主要集中于中国和韩国，美、欧、日、韩企业在供应链上游材料和设备方面拥有绝对优势。液晶显示技术发源于美国，产业化在日本。日本夏普和精工等企业凭借对新技术的敏感在美国企业手中接棒LCD技术，从最初商用于液晶数显手表、计算器等逐渐过渡到大尺寸平板。到20世纪90年代中期，日本已培育了完整的产业链，TFT-LCD产量占据全球的95%。随后，韩国三星、LG、现代等企业开始加入竞争，凭借之前在半导体领域存储芯片业务上丰厚的技术和资金积累大规模投资建厂。20世纪末，三星的液晶面板出货量反超日本跃居世界第一。我国显示产业起步较晚，在经历了早期“缺芯少屏”的阵痛后，通过引进技术消化吸收和自主创新，依托大规模工业化和市场优势实现快速发展，带动大陆地区液晶面板产能全球占比从2016年的30%升至2020年的56%。2020年全球液晶出货量大陆地区占比50%，韩国和我国台湾地区各占23%左右，日本液晶面板出货量收缩至4%左右。但从产业链体系看，日本的产业链能力最强，在许多关键设备和材料方面，日本企业都是全球主要甚至唯一的供应商。韩国显示产业进步也带动了上游供应链的发展。目前液晶材料全球主要供应商为日本JNC、日本DIC，以及德国默克。高品质玻璃基板主要受控于美国康宁、日本AGC、日本NEG。偏光片主要来自LG化学、日本日东电工、住友化学等。设备方面，以美国应用材料以及日本的尼康、佳能等为主。

新型显示产业技术迭代升级和市场竞争遵循一定的规律，目前正处于竞争格局加速重构之中。新型显示产业属于资本、技术和人才密集型产业，建线投入大、回收周期长，建设一条普通的8.5代液晶生产线，一般需要200亿~300亿元的资金投入。同时，显示产业发展市场需求波动和价格竞争的周期性规律，要求企业必须持续不断提升技术水平和产品性能，这样才能保持自身的盈利能力，在激烈的市场竞争中立于不败之地。这也使得全球显示产业形成了高集中度的寡头竞争格局。对领先企业来讲，一时的领先并不意味着持续领先，只有保持对前沿新技术的引领性创新能力，才能构筑持续不断的领先优势。当前，全球新一代显示技术创新发展正处于活跃期，日韩等领先企业已相继宣布退出LCD市场，将重点放在新一代显示OLED。其中有我国液晶产业崛起，面板成本大幅下降，利润空间压缩的原因，也是领跑未来的主动选择。我国掌握着全球液晶面板制造的半数产能，并同步加快新技术追赶，已走到国际竞争的前列。未来 5 年可以说是显示产业国际竞争格局重塑的关键期，其中我国是关键的变量，如果能够抓住机遇创新突围，强化产业链系统性优势，就有可能实现由追赶者到领先者的战略转变。

二、我国新型显示产业在政府、企业、市场三方力量的协力推动下实现了跨越式发展

21 世纪初以来，以京东方等为代表的行业龙头企业抓住全球新型显示产业发展的机遇，通过投资并购与自主建线相结合，学习国外先进技术与建立自主开发平台相结合，在国家政策和市场力量的共同支持下，迅速成长为满足大规模工业化生产能力和技术迭代升级能力的领军企业，带动我国新型显示产业实现了跨越式发展，也为我国高技术产业后发追赶探索了有益的模式。目前我国新型显示产业已形成制造能力、龙头企业、市场应用三大产业链优势。

一是面板产能大幅增长，产业规模领跑全球。截至 2020 年底我国大陆地区已建成 6 代及以上面板生产线 35 条，年产能达到 2.2 亿平方米，2020 年全年 TFT-LCD 出货面积首次达到全球一半以上。2020 年，尽管受新冠疫情影响，显示产业仍然保持了逆势增长，TFT-LCD 优势进一步巩固，AMOLED 量产进程持续推进，新型显示产业全年营收达到 4460 亿元，同比增长 19.7%，高出全球增速近 6 个百分点，全球占比 40.3%，产业规模居全球首位。

二是龙头企业持续壮大，带动技术创新和产业链生态建设稳步发展。2020 年，在产能建设和兼并重组的推动下，大尺寸液晶面板向头部企业集中趋势更显著。其中京东方收购中电熊猫后，拥有 5

条8.5代线、1条8.6代线、2条10.5代线，LCD面板年产能将提升至7700万平方米。华星光电收购苏州三星后，TCL华星拥有3条8.5代、2条10.5代的高世代产能，全部达成满产后年产能将提升至5226万平方米。目前，两家企业产能已位居全球前两位，占比合计达到42.8%，推动行业形成双寡头格局。相关企业在掌握核心技术的基础上，通过正向创新，协同头部终端厂商实现了一些局部领先的创新突破，如维信诺发布了全球首个量产屏下摄像解决方案、全球首款“透明A柱”电动SUV，拥有自主知识产权的“鼎排”像素排布方案被国内头部厂商作为指定方案。相关企业同步加大新一代主流显示Micro LED研发布局，目前该领域全球专利申请前十大主体中，我国企业占据4席，其中京东方和华星光电居于前两位。龙头企业发展在产业链生态带动方面也发挥了重要作用，产业链整体呈现出面板领跑、材料和装备稳步发展的良好势头。

三是下游应用市场迅速发展，对产业链形成强力拉动。我国作为全球电子信息产品生产、消费和出口大国，随着制造技术的成熟以及自主品牌的崛起，对显示产业的带动作用日益增强。2018年，我国电视机、智能手机、计算机产量全球占比分别保持在70%、85%和90%左右，其中70%以上的彩电屏幕、80%以上的手机屏幕、90%以上的计算机屏幕都由国内面板企业提供。巨大的电子消费市场带动了我国新型显示产业飞速发展。预计进入万物互联时代，车载显示、智能家居、智能可穿戴、工业互联网等更为丰富的终端应用需求将成为壮大产业发展新的重要拉动力。

三、我国新型显示产业链基础仍然薄弱，产业链综合实力有待加强

从产业链环节看，我国基本主导了面板制造环节，但上游关键材料和核心设备对外依赖严重，影响了自主可控能力和产业链话语权。2020 年，在全球显示产业总营收 2189 亿美元中，面板营收为 1192 亿美元，占比 54%，其中我国大陆面板营收占全球比重为 42%。材料和设备方面，全球营收分别为 837 亿美元和 160 亿美元，我国大陆全球占比仅为 16.4% 和 4.4%，材料和设备日韩合计占比则分别高达 76.2% 和 70.5%（见图 15）。我国在产业链上游关键环节自主化程度较低。TFT–LCD 用关键材料中，高世代面板所用玻璃基板几乎完全依赖于美国和日本厂商，合计占比超过 95%。其他重要材料的国产化供给能力偏低。AMOLED 所需关键材料中，有机蒸镀材料国产化率低于 10%，圆偏光片以及金属掩膜版、透明 PI 膜等几乎 100% 进口。6 代线上主设备几乎全部依赖进口。由于核心供应链受制于人，我国新型显示产业发展长期受到技术、价格、供给等方面的瓶颈制约。特别是由于上游关键材料和设备企业已形成较高

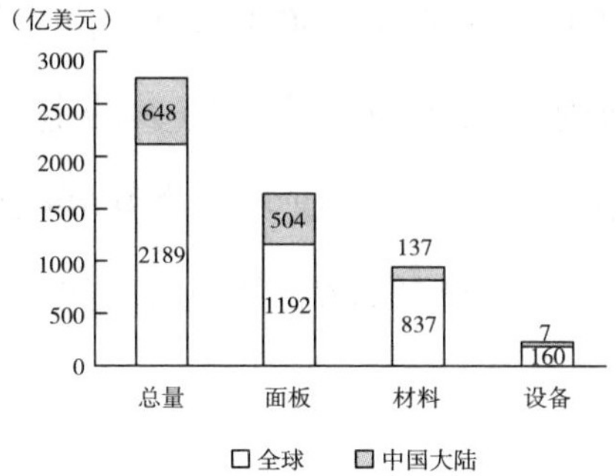

国家和地区	材料	设备
日本	45.2%	27.6%
韩国	31.0%	42.9%
中国大陆	16.4%	4.4%
中国台湾	2.0%	10.4%
欧美	5.5%	8.2%

图15　2020年全球各地区显示产业分环节营收占比情况

资料来源：中国电子视像行业协会。

的进入壁垒，拥有较强的议价权，而面板制造竞争激烈，毛利率低，使得面板企业一方面要应对液晶周期带来的市场不确定性和价格波动，另一方面还需长期为上游原材料企业支付高昂的成本。

从产业链技术水平看，我国在技术成熟度较高的 TFT-LCD 领域已达到国际领先水平，但在新一代主流技术大尺寸 AMOLED 以及前沿技术创新方面仍有差距。新一代主流显示技术 AMOLED 在小尺寸上，技术和市场都是成熟的。大尺寸方面，此前只有韩国 LGD 能够实现供货，采用的是蒸镀白光 WOLED 技术路线；三星 2021 年底能够实现量产，采用 QD-OLED 技术路线。国内京东方、华星光电、惠科等能够实现小尺寸供货，大尺寸方面同时跟踪 WOLED 和喷墨打印技术路线，在技术成熟度上，仍有至少 3 年的差距需要追赶。华星光电已启动了喷墨打印产业化进程，并通过战略性投资推动产业链发展，但要实现大规模量产还需要时间。此外，在 Micro LED、电子纸、光场显示等先进显示技术方面，我国与国外领先企业也存在研发和产业化周期上的差距。

从产业链创新看，产业链上中下游之间、产学研之间协同创新不足，制约了系统性创新能力的形成。新型显示技术复杂度高，上下游企业间高度依赖，三星等领先企业早就与关键材料和核心装备企业形成了天然捆绑关系，并紧密合作开发定制产品，协同推进重大创新。我国新型显示产业链上游起步晚，基础研究投入少，积累不足，材料、设备企业在规模化、技术水平、研发能力、定制服务等方面仍存在较大差距，难以对面板企业的技术迭代和前沿创新形成有效协同和支撑。在基础理论研究和应用技术创新方面，高校和企业这两大主体还未真正形成合力。一些前沿新技术的突破既涉及基础理论研究和基础材料的创新，同时也需要研制过程中通过试产积累大量数据不断优化配方，没有长期稳定的合作关系是不行的。

从产业链布局看，尚未形成面板产能整体规划协调机制，亟须防止无序、低端竞争导致资源错配。近年来，随着国内多条高世代 TFT–LCD 产线的建成，国外面板企业在生产成本、销售渠道等方面逐渐失去优势，开始陆续退出 TFT–LCD 面板制造领域，国内一些非主流面板厂相继承接替代下来的生产线并新增投资继续生产，而且各地从经济发展角度考虑，也有支持面板产能做大的意愿。然而调研中一些企业却表达了对产能过剩的担忧。尽管 2020 年疫情造成的供给短缺导致 2021 年上半年面板行业利润水平整体提升显著，但未来几年 TFT–LCD 产能供过于求的局面将不可避免。如果国内企业仍继续在成熟产线上加速扩产，则有可能陷入产能过剩和价格竞争，不利于产业链良性发展，也不利于将资源引导到产业链上游及更高端显示技术发展上面。

四、强化创新引领、增强产业链系统性优势的建议

我国新型显示产业经过跨越式发展已走到国际竞争的前沿，在由技术追赶者迈向创新引领者的角色转变过程中，面对技术和市场的双重不确定性，产业政策的重点应转向支持产业链核心企业能力建设，推动产业链系统性升级。围绕新一代显示产业发展和下一代显示技术研发及产业化，着力提升产业链水平，完善全产业链协同创新机制，以新发展格局为战略引领，深化创新链、产业链、供应链国际合作，推动新型显示产业向价值链中高端迈进，进一步提升

国际竞争力。

一是促进供应链本地化发展，提高关键环节国内配套能力和水平。近年来国际贸易摩擦引发的供应链安全隐忧，以及新型显示产业技术迭代升级、产业链协同创新的特性使得我们更加坚定了推进国内产业链生态建设的信念。一方面，应充分利用市场规模和产业集聚优势，吸引具有先进技术水平的国外供应链企业本地化发展。另一方面，针对高世代面板产线可能被“卡脖子”的环节以及新技术领域（中大尺寸 AMOLED、Micro LED）亟须突破的关键材料、新型器件和核心设备，建议由面板企业牵头，与上游供应链相关企业组建创新联合体，持续推动核心技术研发和产业化，带动我国关键供应链发展。

二是加大力度支持产业链创新，培育具有国际竞争力的龙头企业和单项冠军企业。围绕产业链部署创新链，聚焦喷墨打印、量子点显示、Micro LED、硅基 OLED、裸眼 3D、光场显示等新一代技术及前沿技术研发和产业化，重点加强科技专项、财税、金融等政策支持，推动面板企业、材料、设备、器件协同创新攻关。鼓励面板企业与应用厂商加强研发合作，促进新型显示产品与 5G 通信、超高清视频、人工智能、虚拟现实等融合发展。研究设立新型显示产业链竞争力提升专项，重点支持一批在新型显示材料、元器件和装备领域基础较好、有发展潜力、成长性强的创新型企业发展，推动其成为重点细分领域的全球单项冠军企业。支持龙头企业牵头组建新型显示创新平台，向产业链上下游企业和高校院所开放共享研发、中试服务，打造大中小企业、产学研用协同发展的创新网络。

三是坚定落实窗口指导制度，引导产业链资源合理优化配置。

按照主体集中、资源集中、区域集聚的原则，引导行业产能和新项目合理布局，在保持 TFT-LCD 产能供需基本平衡的基础上，引导企业和社会资本将主要资源、财力投入技术创新和产业链核心能力建设上。加快提升新技术领域产业链配套能力，不断优化产业结构，培育新的增长点。要加强产能信息、市场信息监测与共享，在产品价格大幅波动时根据市场需求合理排布现有产能释放。鼓励骨干企业通过投资、兼并等方式整合已有产业资源，加快做大做强，进一步提升产业集中度，推动我国新型显示产业聚合化、集群化、生态化发展。

四是深化创新链、产业链、供应链国际合作，拓展合作共赢新局面。新型显示产业具有高度国际化的特征，技术创新、产业链布局和人才流动须保持与全球深度链接和互动。要进一步深化与欧美日韩等国家和地区企业、研究机构在技术、资本、人才等多方面的国际合作，积极打造开放式协同创新网络。充分发挥行业协会桥梁作用，利用中日韩三方在光学电子、新型显示、半导体等民间合作的良好基础，进一步拓展相关领域交流合作。鼓励海外显示上游关键装备与材料企业来华投资建厂，支持国内企业开展国际化布局，进一步打造开放协作、富有竞争力的产业链供应链。

李　燕　孙海尧

提升高端医学影像装备产业链供应链稳定性和竞争力研究*

——以高端 CT 为例

医学影像装备是生物医学、物理学、电子技术、计算技术、人工智能、材料科学、精细加工等众多高新技术在临床医学综合应用、相互渗透的产物。医学影像装备种类较多，主要包括 X 线机（X-lay machine）、计算机断层扫描（CT）、磁共振成像装备（MRI）、超声成像设备（US）、核医学成像装备、光成像装备（医用内窥镜）、数字减影血管造影（DSA）、CT 引导下放射治疗装备（CT-RT）以及 PET-CT 与 PET-MR 等一体化融合装备等。这些装备随着技术进步而不断迭代，也有高端、中端和低端之分。高端医学影像装备以型号先进的大装备为主，其中的 X 线机、CT、MRI 都是不同时代诺贝尔奖的创新成果。高端 CT 具有技术先进性强、产业链供应链复杂度高、应用广泛的特点，是高端医学影像装备的典型代表。

高端医学影像装备产业体现国家科技实力，对多行业技术创新具有较强带动性，也是提高国民健康福祉的重要保障。美国、德国、

---

* 本文成稿于2022年2月。

荷兰、日本等少数国家长期占据全球医学影像装备产业链制高点，具有产业基础高级化、产业链现代化的特征。我国已成为全球医学影像大国，拥有最大的需求市场。目前，我国高端医学影像装备产业规模接近1000亿元，全球占比从2014年的19%大幅升至2020年的33%。个别产品在国内市场占有率甚至超过了强国品牌，例如新一代高端多层螺旋CT机uCT780。但我国仍处于产业“大而不强”阶段，存在产业链供应链短板，释放产业潜力亟须提升产业链供应链的稳定性和竞争力。

一、高端医学影像装备产业链长而复杂，供应链全球化：以高端CT为例

医学影像装备为医疗提供了精准诊断技术与工具，开启了精准医疗新时代。1895年11月8日，德国物理学家伦琴博士偶然发现了X射线，开创了放射诊断新学科，11月8日于2012年被定为“国际放射日”。1896年，德国西门子公司生产出全球首台医用X线设备，拉开医学影像装备产业发展序幕，经过100多年的发展形成了产品类别多样的格局。高端医疗装备产业链均可大致分为原材料/元器件、设计与制造、关键部件、整机生产四大环节，四大环节加上下游医疗机构共同构成了供应链网络。整体来看，高端医学影像装备产业链供应链的特点是长而复杂且全球化。本报告重点以uCT780为例具体分析。

（一）医学影像装备始终走在科技的时代前列

医学影像装备为医疗提供了精准诊治技术与工具，开启了精准医疗新时代。相比 2500 多年的医学史，100 多年的医学影像装备发展史并不长。X 射线的发现与应用，被誉为 19 世纪末物理学三大发现之一，伦琴也于 1901 年成为第一位诺贝尔物理学奖获得者。当年诺贝尔基金会授奖伦琴，既是为了表彰他的巨大贡献，更是希望借助伦琴的影响力来提高第一次颁发的诺贝尔奖的知名度。此事充分表明，医学影像学是当时世界最前沿科技的代表与产物。在随后的发展历程中，医学影像装备相关科技成果更是多次获得诺贝尔奖，如 1972 年前后制造出第一台 X–CT 的两位英美科学家于 1979 年获得诺贝尔生理学或医学奖。自 20 世纪 40 年代以来，磁共振就被称为“诺贝尔奖专业户”，直接或间接超过 10 次获得物理学、化学、生理学或医学等奖项。全球医学影像装备产业的主要发展历程见表 4。

医学影像技术与装备兴于第三次工业革命。特别是 20 世纪 70 年代以后，随着美国阿波罗登月计划的完成，大批优秀的电子和计算机等技术方面的科学家、工程师纷纷转向生物医学工程研究和医疗仪器设备制造领域，医学影像装备产业得到了空前发展。在物理、化学、机械、真空、电子、电磁和计算机等相关学科技术的支持下，医学影像技术进入成熟期，开始普遍应用于人体解剖、组织学分析和临床诊断学等形态学科领域。1972 年与 1977 年，第一台 X–CT 与 MRI 分别在英国和美国问世，给医学影像诊断技术带来了新的革命，显著提升了影像信息量，成为 X 线被发现以来医学影像技术史上的新里程碑，也开启了医学影像装备的黄金时代。

表4 医学影像装备产业主要发展历程

<table>
<tr><th rowspan="2">19世纪</th><th colspan="6">20世纪</th><th rowspan="2">21世纪</th></tr>
<tr><th>10—40年代</th><th>50年代</th><th>60年代</th><th>70年代</th><th>80年代</th><th>90年代</th></tr>
<tr>
<td>发现X线（1895）
X线管（1896）</td>
<td>发射超声成功（1917）
X线机（10—20年代）
电子显微（透射）（1932）
旋转阳极X线管（1938）
A超（1942）
发现磁共振现象（1946）</td>
<td>闪烁扫描（1951）
影像增强器（1954）
B超（1954）
质子放射技术用于临床（1954）
γ相机（1957）
纤维胃镜（1958）</td>
<td>X-TV（1960）
六脉冲高压发生器（1963）
热成像设备（1963）
介入放射学设备（1964）</td>
<td>X-CT（1972）
超声CT（1974）
电子扫描（1975）
MRI（1977）
小型回旋加速器（1978）
SPECT、PET（1979）
DR（70年代末）</td>
<td>DF、DSA（1980）
CR（1982）
多普勒图像（1982）
PACS（1982）
螺旋CT（1983）
超快CT（1983）
电子内镜（1983）
超声内镜（80年代初）
超导MRI（1985）</td>
<td>CT：多层CT、组合CT
CT内镜
数字成像：旋转DSA、DDR
MRI：开放型MRI，FMRI
核医学：微型摄像机、全数字闪烁相机
SRS：γ-刀、X-刀</td>
<td>移动式DR，DR乳腺机
数字平板DSA
宽探测器CT（∽320）
双源CT
胶囊内镜
PET-CT、PET-MRI
干式激光照相机
天眼CT
CT-RT</td>
</tr>
</table>

资料来源：徐跃、梁碧玲：《医学影像设备学》，人民卫生出版社，2010年。有增减。

医学影像装备伴随时代步伐走向智能化与平台化。21 世纪以来，人类社会迎来了第四次工业革命，产业融合成为新现象，智能化与平台化成为新特征。医学影像装备也出现了相应的发展模式与趋势。一是功能融合提升诊断智能化。2000 年左右出现的 PET-CT 是将 PET 和 CT 有机结合在一起，使用同一个检查床和同一个图像处理工作站，将 PET 图像和 CT 图像融合，可以同时反映病灶的病理生理变化和形态结构，实现诊断的多模态融合。2010 年出现的 PET-MR 一体化装备能够以相同成像中心提供不同成像方式的数据，通过一次扫描获得 MRI 成像的形态学、功能信息和 PET 成像的分子代谢活动信息，是又一种诊断多模态融合。2017 年，上海联影医疗推出世界首台 CT 一体化直线加速器（CT-RT）装备，首创同轴同床技术，将 CT 与直线加速器一体化结合，以诊断级 CT 进行精准模拟定位、高清影像引导，提升放疗精度，拓展放疗新应用，实现快速、精准高效的放射治疗，拓展了医学影像装备与治疗设备多模态融合的新模式，展示了医学影像诊疗一体化新趋势。二是 AI 融合提升现代诊疗效率。AI 在智能社会赋能各行各业，体现在生活与工作的方方面面。一直走在时代科技前列的医学影像装备通过 AI 赋能，实现智能数据获取、智能数据处理和智能诊疗应用。如 2020 年美国通用电气医疗与上海联影医疗几乎同步推出“智慧天眼 CT”，利用深度学习的自动化定位技术，实现一键精准定位和零接触进床的自动化扫描。此外，影像大数据管理也是 AI 赋能医疗的重点。在医疗信息中医学影像数据约占 90%，但目前只有 3% 的数据被分析或投入使用。数据处理恰恰是 AI 的优势所在，也是 AI 迭代升级的基础。当下 AI 赋能的智能医学影像装备不仅成为数据的来源，更成为数据处理的载体，并很可能成为辅助诊断与自动诊断的智能装备。三是平台助力生态建设。无论是AI赋能医学影像装备还是辅助诊断都以特定平台为支撑，如美国通用电气医疗与荷兰飞利浦医疗近两年分别推出爱迪生平台（Edison Platform）与飞利浦星云平台（ISAI），联影医疗也于2021年推出联影智能平台（uAI Portal）。当然，平台离不了生态系统，否则，“平台就变成了阳台”。实践中，医学影像装备产业的头部企业都在着力构建有效的生态系统。

（二）高端医学影像装备产业链长而复杂

高端医疗装备产业链较长，在全球已经形成了非常完善的产业体系，带动了上下游十余个行业的发展。上游为高端医疗装备产业的基础领域，涉及电子工业、生物医学、光电技术、机床工业、复合材料与通用部件等细分行业，主要参与者为原材料、元器件、零部件、电子配件与线材耗材等供应商；中游最重要，与计算机学、影像学、临床医学、诊断医学、放射医学等密切相关，主要是整机制造和软件开发；下游涉及各级医疗机构及衍生服务机构，包括公立医院、民营医院、远程影像平台和独立影像中心等，衍生服务机构包括维修托管公司与医疗器械租赁机构等。

高端医学影像装备是技术含量、产品附加值和学科交叉程度都比较高的产业，因此产业链非常复杂。例如高端CT装备的核心元器件，包括X射线球管、高压发生器、滑环和数据传输、探测器、采集系统等，占CT成本构成的60%以上，会大量用到控制电路板、功率器件和芯片，以及稀有金属材料。这些上游的元器件供给都需要集成电路产业和原材料产业的支撑，比如数据采集系统用的是高速运算放大器、探测器芯片等集成电路电子器件，均是信号收集和转换的核心器件。每个核心元器件又构成自身的产业链，都包括原材料、设备、设计、制造和封测等五大部分，每个部分还会细分出诸多领域。这些半导体材料及电子器件广泛应用于医疗装备的研发制造，为高端医学影像装备产业的发展提供了基础器件支持和技术支持。同为上游的原材料也是如此，涉及生物医用材料、医用高分子、医用金属和合金、医用生物陶瓷、复合材料、生物衍生材料等。每一类又形成各自的产业链。再看高端CT的核心部件，主要由扫描系统、计算机处理系统和图像显示系统三大部分构成。其中，扫描系统包括高压发生器、X射线球管、探测器、扫描架、滑环、冷却系统、病床、电源柜等；计算机处理系统包括扫描控制系统、控制台计算机等；图像显示系统包括图像处理系统、图像重建系统、重建计算机、显示器等。

具体产业链以uCT780为例。uCT780是目前中国品牌CT机主流产品，实现了“0”噪声、“0”信号损耗、“0”失真图像。该装备搭载我国首个自主研发的时空探测器，采用全数字化3D架构，万倍缩短X射线传输路径。当前，全球具备探测器独立自主知识产权的医学影像设备制造企业只有美国GE、德国西门子、荷兰飞利浦、日本东芝和我国的联影医疗。此外，该设备从临床实际应用场景出发，具有高效便捷的临床扫查工作流和重建性能，可支持医院进行每日超过200人的临床扫查；采用冠状动脉多扇区扫描成像技术，增加时间分辨率，实现冠脉扫描瞬时冻结，精准获取心电信号，从而提高冠脉检查成功率；配合多项低剂量技术，迭代重建技术，不仅可以减少对患者的辐射，也可以减少球管等核心损耗。

uCT780 的产业链长而复杂的特性非常显著（见图 16）。制造商联影医疗带动中上游联合创新，建立起了由多家国内供应商参与的供应体系，逐步完善产业链和供应链。

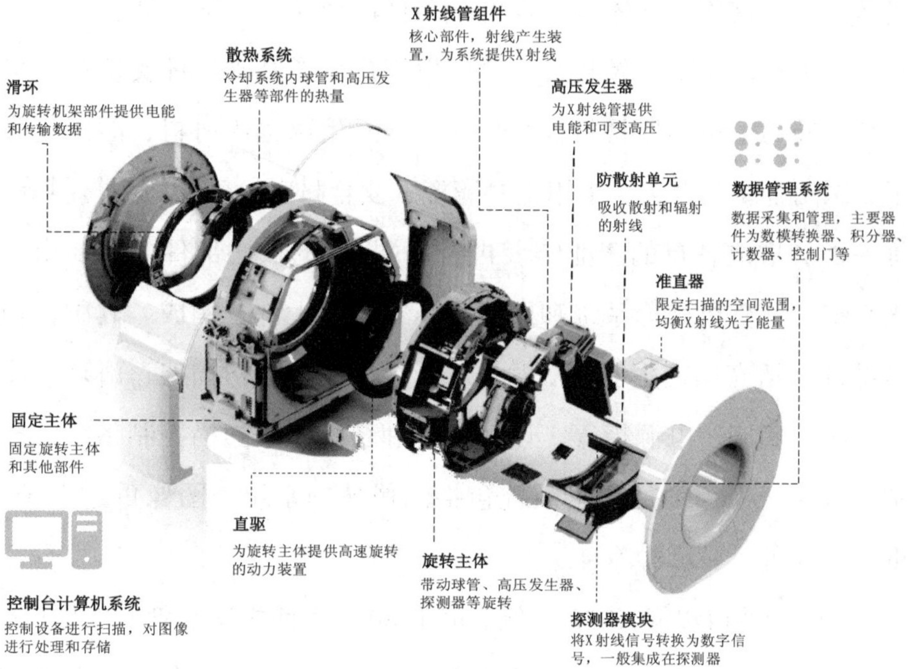

图16　uCT780的软硬件核心模块爆炸图

资料来源：联影医疗。

（三）高端医学影像装备供应链全球化

医学影像装备供应链可以集中在一个国家或地区，但多分布在全球少数国家与地区，形成医学影像装备产业全球分工体系。

首先，全球高端医学影像装备供应体系长期以强国强企为主。21 世纪以来，基于全球价值链的产业分工和贸易结构的深刻变化，高端医学影像装备供应链逐渐形成了以美国、德国、日本、荷兰等发达国家的几个主要跨国公司为主导的全球化供应新格局，美国、德国等以工业尖端技术长期占据高端医学影像装备产业链供应链的制高点。其中，美国、日本与西欧国家的医学影像装备产业规模长期占全球总量的3/4左右。即使在这些国家，也往往都是一家或几家企业主导。行业最负盛名的“GPS”，分别是美国通用医疗（GE）、荷兰飞利浦医疗（Philips）与德国西门子医疗（Siemens），合计市场份额的全球占比约为65%。强国强企共同垄断着全球医学影像装备市场，这从2017年全球医学影像装备市场格局及前10名企业销售额中也可略见一斑（见表5、表6）。

表5　2012—2017年全球医学影像装备产业的区域集中情况①（亿美元）

国家和地区	2012年	2013年	2014年	2015年	2016年	2017年
美国	57.6	69.5	83	87.1	86.6	91.3
西欧	96.4	117.5	141.3	150.8	152.1	162.7
日本	42.7	53.5	66.1	72.4	75.2	83.2
其他国家	47.3	61.6	78.5	89.7	97.2	112.3
总计	244.0	302.1	368.9	400	411.1	449.5

资料来源：中金企信国际咨询，2020。

表6　2017年全球医学影像装备市场格局及前10名企业销售额（亿美元）

排名	企业	销售额	市场份额	备注
1	西门子医疗Siemens Healthineers	91.68	23.2%	德国
2	通用电气医疗GE Healthcare	87.69	22.2%	美国
3	飞利浦医疗PhilipsHealth	77.87	19.7%	荷兰
4	佳能医疗Canon Health	38.90	9.8%	日本

① 由于统计口径不同，不同研究资料的全球医学影像装备产业规模不完全相同，但不影响相关结论。

续表

排名	企业	销售额	市场份额	备注
5	富士医疗FujiFilm Healthcare①	21.89	5.5%	日本
6	锐珂医疗Carestream Health	11.80	3.0%	加拿大
7	日立医疗Hitachi Medical	11.69	3.0%	日本
8	柯尼卡美能达Konica Minolta	8.71	2.2%	日本
9	万睿视影像Varex Imaging	5.99	1.5%	美国
10	豪洛捷Hologic	5.57	1.4%	美国
前10位合计		361.79	91.5%	–
其他		33.65	8.5%	–
总量		395.44	100.0%	–

资料来源：作者根据中国医学装备协会调研所得相关资料整理。

其次，我国医学影像装备业从追赶走向世界制造中心之一。在少数发达国家垄断格局下，少数国家在成为其用户市场的基础上发展出本国的医学影像装备业。我国医学影像装备业就是其中之一。

专栏 4　我国成为全球医学影像装备制造基地

深圳安科高技术股份有限公司成立。1986年，中国科学院牵头与美国的安络杰公司在深圳经济特区蛇口工业区，成立了中国医疗仪器行业首家中美合资公司，安科公司。1988年7月，安科0.15T永磁型磁共振成像系统通过鉴定，标志着我国高精尖大型医学影像装备已迈向国际先进水平。1989年12月，安科首台ASM-015P永磁型MRI在河北省邢台矿务局医院投入运营。我国

① 2021年3月31日，富士胶片株式会社宣布，完成对株式会社日立制作所旗下影像诊断相关业务的收购程序，标志着日立为继承相关业务而成立的新公司“富士胶片医疗健康”正式成为富士胶片集团全资子公司。通过此次收购，富士胶片旗下医疗业务扩展至CT、MRI、X线摄影系统、超声诊断设备、内镜、体外诊断系统和PACS等广泛的产品线，能够根据医疗机构的需求，提供一站式的全面解决方案。

MRI产业化由此开始。

GE、西门子在中国建设生产基地。1991年6月，航卫通用医疗系统有限公司在北京正式成立，开始了我国CT规模化制造。1992年，西门子医疗在上海建立德国以外第一个CT生产基地。

东软医疗系统股份有限公司成立。1989年，沈阳医学院附属中心医院“洋CT”突然出现故障。很多国内专家和美国工程师都无法修复，东北工学院（现东北大学）的教授们却修复了“瘫痪”的CT，这引发了教授们制造中国自己的CT的梦想。1989年，东北大学计算机影像中心成立，开始CT整机研究，1997年我国第一台全身CT在东软集团下线，1998年3月东软医疗成立。

上海联影医疗科技股份有限公司成立。安科与东软的成功，引发国人创建国产品牌大型医学影像装备热潮，也吸引了不少多年前赴美欧深造的医学影像高精尖人才和在全球医学影像装备头部企业担任高级职务的华人回国创建医学影像装备企业，直接把我国医学影像装备自主研发与全球医学影像最前沿科技连接起来，既开启了我国医学影像装备研制高端化与智能化新时代，也加快了全球医学影像装备头部企业中国本土化研制进程。加之正赶上我国进入工业提速和经济快速发展阶段，不到20年，我国医学影像装备业就跃升为世界制造中心之一。1998年9月，薛敏博士从美国回到深圳创建迈迪特仪器有限公司，致力于研制具有当前国际先进水平的医学磁共振成像系统（MRI），一年半时间便成功研发出了中国首台1.5T超导磁共振系统。该系统于2000年在海军401医院装机，结束了我国高场（超导）磁共振系统全部依赖进口的历史。迈迪特的成功引起西门子医疗的高度关注与兴趣，2001年11月双方达成合作意向，迈迪特于2002年4月正式成为西门子控股子公司，并更名为西门子迈迪特（深圳）磁共振有限公司，薛敏任总裁，在深圳研制生产当时世界上领先的冠名西门子的1.5T超导MRI。通过与西门子合作，西门子迈迪特实现了薛敏当初设定的“生产在中国，生产为中国且为世界”的目标。2011年3月，上海联影医疗成立，薛敏担任首席顾问；2014年8月，联影首批11款全线产品首次对外亮相，拉开了同全球医学影像装备龙头企业竞争的序幕。

飞利浦在中国投资。在迈迪特并入西门子至联影首批产品亮相之际，我国医学影像装备业发生着深刻变化。2004年2月，东软医疗与荷兰皇家飞利浦电子集团合资的东软飞利浦医疗设备系统有限责任公司成立，为中国和全球市场提供包括CT机、X线机、超声设备、磁共振成像设备。

海外留学、工作人员回流。2005年6月，时任GE医疗全球副总裁、磁共振事业部大中华区总经理的留美科学家邹学明博士离开GE，并在成都创建奥泰医疗系统有限责任公司，2007年成功研制出中国首台具有自主知识产权的1.5T大孔径超导磁体和超导磁共振医学成像系统整机。2005年6月，香港大学教授、哈佛研究员马启元博士回国在上海创建美时医疗技术有限公司，致力于向客户提供完整的医学成像解决方案。曾任8年GE超声研发中心总经理的奚水，2010年在苏州创建飞依诺科技股份有限公司，专注高端数字化彩色超声诊断仪的研发与生产。2011年，明峰医疗系统股份有限公司在杭州成立，2014年聘请留美博士江浩川担任明峰医疗总裁兼研究院院长，江博士曾在美国GE担任CT探测器材料部首席工程师多年。曾任GE影像子系统中国研发总经理的付诗农于2012年在北京创建赛诺威盛科技股份有限公司，专注CT研发与生产。2012年，应峥嵘博士从美国归来并在苏州创立波影医疗技术有限公司，专注CT开发。

GE、西门子、飞利浦加速在中国布局。2011年，西门子迈迪特成为西门子医疗全资子公司，2013年更名为西门子（深圳）磁共振有限公司。2009年11月，荷兰皇家飞利浦公司在苏州成立飞利浦医疗影像中国基地，主要从事医用核磁共振成像系统、X射线计算机断层摄影设备、彩色超声诊断系统等符合中国以及全球市场需求的主流影像系统的研发与生产。2013年2月，飞利浦公司向东软医疗出售东软飞利浦医疗设备系统公司股权。2013年5月，飞利浦中国本土研发生产的基础医疗设备在苏州影像基地下线。2014年6月，GE医疗天津磁共振生产基地开建，专注于高端磁共振的生产和制造。这是GE医疗在美国本土以外设立的唯一一家具备生产核磁共振所用磁体和磁共振系统的工厂，也是GE医疗“中国智造，服务全球”的战略布局。

资料来源：作者根据文中所列企业门户网站和调研所得资料整理。

由多种类型中外企业组成的我国医学影像装备业格局基本形成，我国成为世界制造中心之一。2014 年以来，我国医学影像装备业快速发展，步入产业与科技、工业及市场紧密互动阶段。我国医学影像装备业规模占全球比重在2014年大幅提升至20%左右，到了2020年已达33%左右。2020年，我国医学影像装备业规模接近1000亿元，约占全球的1/3，真正成为世界制造中心之一。在我国医学影像装备市场中，CT是最大的细分市场。中商产业研究院统计表明，2020年，CT、超声及MRI市场规模占我国医学影像装备市场总额分别为27%、25%及23%。

近年来，我国高端医疗设备行业在产业链的部分领域具备了全球竞争力。高端医学影像装备产业进入快速发展期，呈现高度集中的态势。以联影、万东、东软和迈瑞为代表的国产影像设备企业正逐渐开始掌握核心技术，在主机制造方面处于快速成长的阶段，在某些领域逐渐显现出赶超之势。比如以联影、东软为代表的MRI产品，以万东为代表的DR产品以及以迈瑞、开立为代表的超声设备等，部分产品已经跻身世界一流水平，相应零部件的自产率也在持续上升。国家食品药品监督管理总局①数据显示，截至2018年，我国医学影像产品获批上市，且在售的产品共计2112种，共有645家企业参与医学影像装备研发生产。

随着我国高端医学影像装备产业迅速崛起，全球高端医学影像装备供应链企业会保持一定的供应链联结，并在一定范围内形成高科技技术竞争。整机企业主要分布在美国、德国、荷兰、日本、中国等少数国家。我国是后起之秀，其他国家都是传统强国。中上游关键核心元器件、零部件、原材料制造企业则以传统强国为主。例如，uCT780的供应链即是全球供应链，核心零部件供应商分布在中国、美国、德国、意大利、日本（见表7）。

---

① 2018年3月，组建国家市场监督管理总局，不再保留国家食品药品监督管理总局。

表7　uCT780核心零部件供应商全球化分布

核心部件	进口厂家	国内厂家	基本情况
X射线管组件	美国Dunlee、美国Varex、意大利IAE	上海联影、珠海瑞能、昆山医源	高端依赖进口、低端已经实现国产化
探测器	日本佳能、日本日立	上海联影、浙江明峰、沈阳东软	基本实现国产化，但上游的元器件依赖进口
高压发生器	美国Spellman、美国Varex	苏州博思得、上海埃斯凯（合资）、上海联影	高端依赖进口、低端已经实现国产化
滑环	德国Schleifring、美国Moog	上海联影	高端依赖进口、低端已经实现国产化

资料来源：联影医疗提供。

二、我国高端医学影像装备产业链供应链稳定性和竞争力有待提高

对我国高端医学影像装备产业来说，从上游到下游构成医学影像装备附加值不断增加的产业链，反过来，从下游到上游构成医学影像装备向上溯源的供应链。一个国家或地区的医学影像装备产业链供应链越完善，或者占据了产业链供应链的若干关键或高附加值环节，其整机装备的国际竞争力就越强，反之亦然。

（一）我国各类医学影像装备起步不同、发展态势不一

10年前，我国一直不具备高端医学影像装备的自主核心技术。自“十二五”以来，在国家鼓励高端医疗器械自主技术创新、提升制造水平等政策的驱动下，国产医疗设备企业纷纷加大创新和研发投入。目前，我国不仅有能力在中低端医疗设备方面完全实现进口

替代，而且在高端医疗设备领域也快速提升技术水平。我国现已掌握磁共振（MR）、CT、PET-CT、DR、直线加速器等全系列高端医学影像设备核心技术和关键部件的自主研发能力，开始从低端水平向中高端水平迈进，打破了进口企业在高端医疗设备领域的技术封锁，实现了产业技术的创新升级。

总体来看，我国高端医学影像装备起步阶段与发展模式都不同，发展状况与产业链供应链水平也有较大差异。现以高端 CT 为例重点分析。

我国 CT 研发并不晚，目前进步显著。1979 年，上海医疗器械研究所立项研制颅脑 CT 并于 1983 年通过鉴定；1987 年，上海医疗器械厂等单位立项研制中华Ⅰ型全身 CT，并于 1990 年通过鉴定。但这两款 CT 均未投产。1995 年，东北大学的 CT 项目并入东软集团。1997 年，我国第一台具有自主知识产权的 CT 在东软下线并于次年投放市场，开启了我国 CT 产业发展之路。东软依托国内薄弱的工业基础和进口零部件，从单层平扫 CT 开始量产，逐步升级到单层螺旋 CT，从中低端向中高端升级，并带动了国内 CT 整机装备和相应产业链供应链的发展。联影医疗自 2015 年推出第一台 64 排 128 层 CT 后，整体市场占有率逐步攀升，打破了进口品牌垄断的局势。80 排 160 层的 uCT780 即是典型代表。数据显示，在现代化医院中，约 75% ~ 85% 的治疗信息来源于医学图形和图像，医学影像已经由临床辅助检查手段发展成临床诊断疾病的主要方法。得益于时空探测器的科技突破，uCT780 获得了密度分辨率和空间分辨率的双重提升，为精准临床诊断提供了有力抓手。80 排 160 层 CT 相比传统 64 排 128 层 CT，能够从数据源头获取更多的原始数据，对于人体解剖结构的信息还原得更加精准（见图 17）。

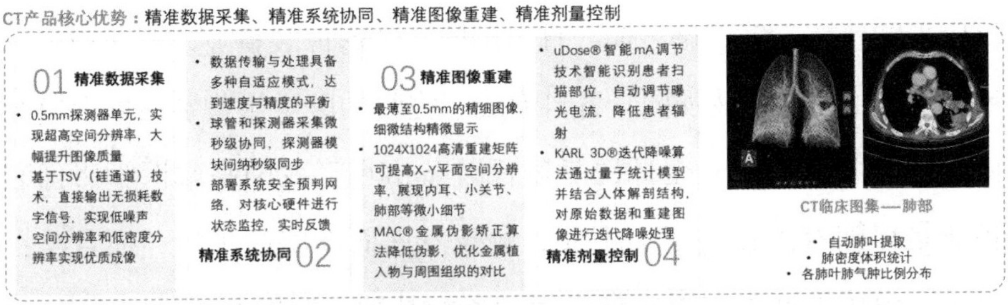

图17　联影医疗高端CT的核心优势

资料来源：联影医疗。

此外，我国 MRI、X 线机等高端医学影像装备也取得了根本性突破，跻身全球高端行列。1984 年，全球首台 MRI 开始进入商业化市场。成立于 1986 年的安科公司一方面利用安络杰公司提供的核心电子部件，另一方面将 MRI 项目分成磁体、物理、射频、软件、硬件等子系统逐个攻关。1987 年，安科研制出超导磁体，1992 年研制出我国首台 0.6T 超导磁共振系统（MRI）。

2002 年，国内 X 线机存续时间最长的企业北京万东医疗研制出国内首台 DR，实现了 X 线球管、X 线高压发生器、平板（CCD）探测器、机械部件和图像系统的自主研发。2004 年，安健科技成功研制出我国首个 DR 数字探测器。2013 年安健科技自主研制的我国首台动态 DR 面世，开创了我国 X 线机全新的技术发展路径，并由此成为当时国内唯一掌控 X 线机部件研制的整机厂商，于 2020 年跻身全球十强 DR 企业。

（二）我国高端医学影像装备产业链供应链稳定性和竞争力有待提高

我国高端医学影像装备产业链与供应链薄弱，还存在着或多或少供应采购壁垒。美、德、荷、日等国的医学影像装备业发展历史过百年，都是工业与科技强国，各自形成了完整的医学影像装备产业链与供应链，共同主导着全球医学影像装备市场。我国高端医学影像装备业是伴随着国家经济、工业、科技发展而发展起来的，而且是在引进、模仿美德等国家医学影像装备的基础上发展起来的。东软 CT 的起步模式后来成为业内模仿式研发的标准模式，即把国外装备买回来，摸索、拆解、研究，再购买配件组装成新产品，在低端市场起步，从县市医院再到省城医院推广应用。这些厂商擅长整机组装与全球供应链采购，却缺乏核心部件的研制能力。安科选择全球顶尖医学影像装备核心部件供应商的合作发展模式，不仅快速研制出 MRI 并量化，而且利用好安络杰公司供应超声及 CT 核心部件的优势。与此同时，由于医学影像整机装备的快速发展，以及全球医学影像龙头企业加大在我国的国产化布局力度，国内医学影像装备产业链供应链水平也大幅提升，但产业链供应链中自主研制的薄弱环节仍然不少。

我国大部分医学影像设备生产商均不具备核心元器件自主研发生产能力，各类零部件基本依靠从国外不同厂商采购，整机生产过程实际为组装集成过程。只有联影医疗、东软医疗等少数厂家具备核心零部件的自主研发和产业化能力，例如 CT 产业，我国 CT 产业起步之时，国内产业基础差、产业链供应链薄弱，主要部件均需进口。近年来，国产品牌 CT 整机的起步既带动了国内 CT 产业链供应链的发展，也促使国际CT龙头企业加快在我国的国产化步伐与产业链供应链构建，目前已形成了较为完整的CT产业链供应链。不过，占据CT装备成本六成以上的核心部件探测器、球管、高压发生器与滑环中的高端产品仍然被国外品牌占据。在CT三大核心部件中，国产品牌厂商进展情况不一，在球管量产方面发展较快，在探测器方面取得的突破较小，国产品牌厂商在这些产业链供应链环节占据的位段不一样，若干技术与产品还高度依赖国外进口，导致产业链供应链还存在一定程度的不稳定性。具体而言：

在原材料、元器件方面，我国在专用芯片、传感器、闪烁晶体、真空高温轴承、大容量旋转靶盘、高性能陶瓷材料、高性能焊接材料、高压电缆和接头、精密微型电机、射频高功率MOSFET、高性能射频无源元件、无氧铜材料、阴极材料、大功率高频GBT等核心材料方面还未实现国产化（见表8）。此外，在一些已实现国产攻关的原材料中，国内供应商工艺在稳定性、一致性、可靠性等方面与国外供应商相比还存在明显差距，尚无法真正运用于整机产品。

表8 关键元器件及原材料技术依赖情况

具体环节或方向	当前国内技术成熟情况（薄弱环节）	受制于人情况	国外主要供应商
CT专用高精模数转换芯片	传统的能量积分型CT探测器现在已经可以国产，但是CT探测器用到的3个核心元器件（CT专用高精模数转换芯片，X光闪烁陶瓷，以及多层陶瓷基板）都依赖进口	依赖进口	美国ADI、TI，奥地利AMS
多模态生理信号采集SOC	多模态生理信号采集SOC是可穿戴设备的多模态生理信号采集芯片，目前依赖进口	依赖进口	美国ADI、TI、Maxim

续表

具体环节或方向	当前国内技术成熟情况（薄弱环节）	受制于人情况	国外主要供应商
真空高温轴承	用于中高端CT机的大热容量球管，目前依赖进口	少部分国产，大部分进口，高端领域依赖进口	荷兰Philips（液态金属），德国Siemens（液态金属），美国GE（液态金属），日本Canon（液态金属），德国Myonic、GMN（OEM，滚珠）日本Koyo（OEM，滚珠）美国Barden、Timken（OEM，滚珠）
大功率X射线管用靶盘	实现5MHU、8MHU用靶盘	少部分国产，大部分进口，高端领域依赖进口	美国通用电气
高转速轴承	实现CT机架高速运动	少部分国产，大部分进口，高端领域依赖进口	德国Frank
基体陶瓷	实现探测器和电子学部分的固定和连接	少部分国产，大部分进口，高端领域依赖进口	日本京瓷

资料来源：中国医学装备协会，优秀国产医疗设备产品目录。

在设计环节，我国在一些设计所需的基础系统、应用、开发环境、算法库等工具方面，还只能依靠进口产品。

在关键部件与整机生产环节，我国已具备大部分核心部件的研发与制造能力，但对部分更高性能部件还需依赖进口。其中，在大功率CT高压发生器、CT探测器、平板探测器、X光球管、超高场超导磁体、低液氦磁体、超大功率梯度放大器、超高频射频放大器、电子加速管、固态调制器、电动多叶光栅、电子成像平板、六维治疗床方面，国内企业开始布局；而大功率CT球管、高速滑环、高功率磁控管、栅控三极电子枪等方面尚未突破。

（三）我国高端医学影像装备产业链竞争力偏低：以高端CT为例

相比强国强企，我国高端医学影像装备以中低端为主，产业链竞争力偏低。现阶段，我国已实现16排、64排到320排的CT整机，1.5T、3T MR，PET-CT，PET-MR，DR，乳腺断层成像系统、CT引导直线加速器等整机系统的开发，但在更尖端领域，如光子计数CT、能谱CT、7T以上MR、DSA、MR引导直线加速器、影像引导手术机器人等，尚未实现国产化攻关。

以高端CT为例。我国CT国产化率不断提高，但国产厂商CT配置主要以16排及以下中低端产品为主。这些国产品牌的产品价格在400万元以下，而16排CT进口产品价格在400万～500万元之间。国产厂商凭借价格优势在国内中低端CT市场占据超过70%的份额。在CT领域，跨国巨头技术优势领先，产品线齐全。中国品牌产品与国际领先产品技术存在差距，且普遍缺乏核心零部件生产能力，导致可生产高端CT产品的国产品牌较少。64排至128排的CT市场主要参与者为美国通用、飞利浦、西门子、东芝等进口厂商，国产厂商有联影医疗、东软医疗、明峰和安科公司等少数企业，但均未达到一定规模（见图18）。国产品牌的64排CT产品价格在600万元左右，进口产品约1000万元。80排uCT780的市场终端价格在700万～900万元之间，“GPS”的相似产品价格在800万～1000万元之间。

128排以上的CT市场仍由国际巨头主导，目前，国产CT设备生产商仅有联影医疗、东软医疗等极少数具备此类设备的研发和产业化能力。国内128排及以上CT市场中，国产品牌产品占比不足10%，价格在2000万～3000万元左右，未来有望凭借性价比突破进口设备的垄断。

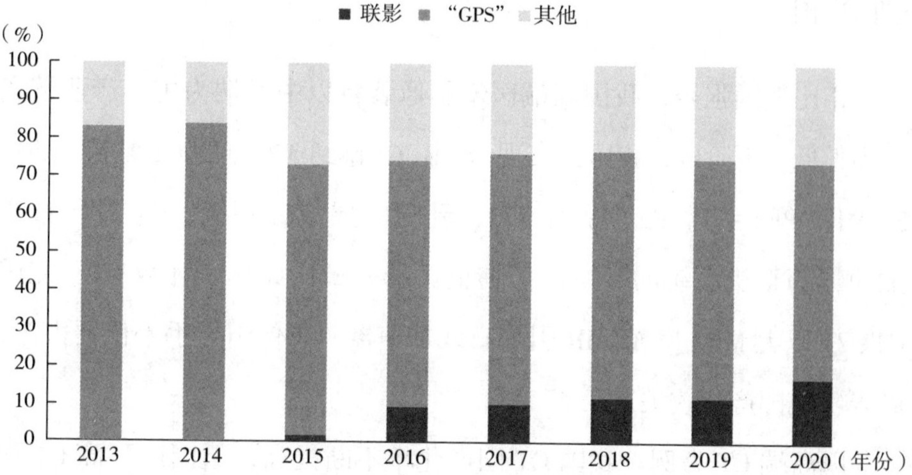

图18　64～80排领域CT装备市场份额

资料来源：联影医疗。

需要强调的是，国产品牌高端医学影像装备在对"GPS"产品形成一定替代的同时，还显著降低了同类装备的市场价格，在减少国内患者医疗费用方面发挥了重要作用。自2013年以来，国外厂商的一些产品的价格整体呈现波动下降趋势（见图19）。

图19　"GPS"的64排CT出厂价格

资料来源：联影医疗。

三、新发展格局对高端医学影像装备产业链供应链稳定性和竞争力提出新要求、带来新机遇

2020年10月党的十九届五中全会上，党中央根据我国发展阶段，环境、条件变化，特别是基于我国比较优势变化，审时度势作出了构建以国内大循环为主、国内国际双循环相互促进的新发展格局的重大决策。从根本上说，新发展格局是适应我国发展阶段新要求、塑造国际合作和竞争新优势的必然选择。构建新发展格局是事关全局的系统性、深层次变革，是立足当前、着眼长远的战略谋划，是应对新发展阶段机遇和挑战、贯彻新发展理念的战略选择。

（一）新发展格局旨在提升供需适配的高质量发展

新发展格局能够推动我国医学影像装备业高质量发展。未来一段时期内，国内市场主导国民经济循环特征会更加明显，经济增长的内需潜力会不断释放。世界经济发达国家人均CT保有量都较高。2019年我国每百万人CT保有量仅为18.2台，略高于芬兰与加拿大，与日本、韩国相差较大。与欧美日等发达国家和地区相比，我国CT和MRI装备的普及程度均处于较低水平。随着我国从富起来向强起来转变，我国这些医学影像装备普及率也会向这些发达国家靠近。另外，我国人口数量位居世界第一，人口老龄化速度加快。这些因素决定了我国将是全球医学影像装备最大市场之一，高端医学影像装备发展潜力巨大。

迈入新发展阶段的百姓对美好生活有着众多期盼，其中之一是盼望着更高水平的医疗卫生服务。高质量的医疗卫生服务，需要高

质量的医疗装备，更需要高质量的医学影像装备。只有高质量的医学影像装备才能符合高质量的医学影像诊治需求，高质量医学影像装备又能创造高质量的医学影像诊治需求。医学影像装备与医学影像诊治的紧密互动与迭代升级，是供给与需求高适配性的高质量发展。

我国制造业虽然门类齐全但长期处于“大而不强”的阶段，存在“卡脖子”技术与短板。在新发展阶段，我国完整的工业体系既能强力推动医学影像装备业高质量发展，也亟须医学影像装备业高质量发展引领相关制造业的高质量发展。高端医学影像装备技术先进、附加值高、品质高，对产业链供应链的要求高、拉动性强，是制造业高质量发展的重要标志。

（二）构建新发展格局最本质特征是实现高水平的自立自强

经过几十年的发展，我国医学影像装备业形成了中低端市场以国产品牌企业为主、高端装备市场以国外品牌企业为主的发展态势。目前，我国高端医学影像装备业在一些关键核心技术方面受制于人，有些领域的科技储备不足，整个产业总体上还处于全球产业链价值链中低端。

值得关注的是，我国部分高端医学影像装备业正处于从全球医学影像装备的跟跑并跑者向并跑领跑者转变的关键时期。科技是国之利器，而医学影像装备更是高新技术的结晶，因此加大医学影像科技创新力度，着力提升科技创新能力，将我国打造成为世界医学影像装备科技强国、全球医学影像装备研发中心和创新高地之一，是新发展格局下高端医学影像装备企业的光荣使命。在新发展格局下，我国应大力拉动高端医学影像装备国产品牌崛起，支持高端医学影像装备科技创新实现跨越式发展，努力超越发达国家水平，加快高端医学影像装备业持续升级。

（三）新发展格局对高端医学影像装备产业链竞争力提出新要求带来新机遇

高端医学影像装备业的产业链长、专业化程度高、结构复杂、涉及面广，任何重要环节的薄弱都会制约产业的整体高质量发展。新发展格局对提高高端医学影像装备产业链竞争力具有积极的促进作用。构建新发展格局，需要实施更大范围、更宽领域、更深层次的对外开放，依托我国大市场优势，促进国际合作，推动高端医学影像装备业形成全方位、多层次、多元化的开放合作格局。

另外，新发展格局为高端医学影像装备企业发展提供了难得的机遇期。目前国外巨头的影像设备基本处于技术瓶颈期，缺少重大突破，这也给国内的企业提供了一个非常难得的赶超机会。当前国内厂商在主机制造方面已经取得一定的成果，但是在产业链的上游，如原材料（传感器、信号链）及核心组件（球管、探测器、发生器、射频线圈等）的自主率还不够高，性能与国际品牌尚有一定差距，需要研发端加快研发投入。

四、新发展格局下提升高端医学影像装备产业链供应链稳定性和竞争力需要新思路

当前，全球依然面临不确定性，强大的供应链支撑是畅通国内循环，衔接参与国际循环的重要保障。

（一）基于链环的精准固根基和强弱项

通过梳理各类高端医学影像装备的产业链供应链，根据价值、技术含量、研制与采购难度等指标，明确各链中的重点部件及相应的技术、工艺、原材料与元器件等“四基”。把这些重点部件及其“四基”与全球同类最先进装备的核心部件及其“四基”对标，尽可能量化指标及其差距，从中识别出亟须固根基、强弱项的核心部件及其“四基”。进一步剖析这些固根基、强弱项环节的难点与“卡脖子”技术所在，大力鼓励企业自主创新，积极支持相关产学研联合体共同攻关。根据“四基”的现实及突破的可能性和经济性对固根基、强弱项环节进行分类突破，实现供给与需求的匹配与良性互动。对于暂时难以突破而必须外购的固根基、强弱项环节进行动态风险评估与管控，严防固根基、强弱项环节“掉链子”和被“卡脖子”，确保这些装备及其核心部件的供应链稳定。优先采购固根基、强弱项装备，促进固根基、强弱项装备在频繁应用中迭代升级。另外，MRI 与 CT 等装备的核心部件都有复杂的产业链供应链，存在各自的若干根基不实的薄弱环节，需要相应的固根基与强弱项工程，应遵循相应装备的固根基、强弱项方式。

（二）优化国产品牌高端医学影像装备业结构，培育优质企业梯度格局

我国医学影像装备业处于产业“大而不强”的阶段，产业组织结构不合理是瓶颈之一。产业组织高端部分主要是规模大、实力强、技术先进的全球领航企业在中国的分支机构，国内整机企业多

处在中低端位势，仅有个别企业能够参与高端市场竞争。产业链呈现出“头大、身弱、尾细”的不协调特征，自主品牌整机企业数量相对多，零部件供应商较少，原材料供应商更少，关键核心零部件和原材料供应商少之又少。此类结构问题是我国诸多制造业的通病，问题的破解重在培育以产业链领航企业为主导的优质企业梯度格局。

优质企业是创新能力强、质量效益高、在制造业基础和产业链供应链中发挥独特作用的企业，包括专精特新“小巨人”企业、制造业单项冠军企业与产业链领航企业，是名牌企业。紧扣产业链供应链部署创新链，不断提升科技支撑能力，培育一批掌握关键核心技术的优质企业。

优化国产品牌高端医学影像装备业结构，梯度培育优质企业格局至关重要。在全球医学影像装备业发达国家中，整机装备企业数量很少。我国国产品牌医学影像装备整机企业数量过百家，至今已入选优秀国产医疗设备产品目录中的医学影像装备整机企业数量 65 家，其中 CT 装备整机企业 11 家。但优质企业不多，领航的优质企业更少，在各类医学影像装备产业链上的“小巨人”企业和行业单项冠军更稀少。工信部于 2016 年和 2018 年先后启动了单项冠军和“小巨人”培育遴选工作，截至 2021 年 8 月 21 日，医学影像装备业仅安健科技（重庆）有限公司、上海奕瑞光电子科技股份有限公司、赛诺威盛科技（北京）股份有限公司和深圳蓝韵医学影像有限公司等几家公司上榜。因此，要加快行业结构优化步伐，通过“政府引导、市场驱动”的方式，推进整机装备行业兼并重组，培育出一两家能够跻身全球医学影像装备头部企业的领航企业和一两家行业单项冠军企业，并在相应的产业链上培育出若干“小巨人”企业与行业单项冠军企业，形成合理的优质企业梯度格局。

（三）构建以科技创新联合体为主的自主创新新体系，着力提升相关优质企业自主创新能力

龙头企业主导构建产学研用深度融合的创新联合体是强化国家战略科技力量的一项重要举措。2021 年 11 月，“高场磁共振医学影像设备自主研制与产业化”项目荣获“2020 年度国家科学技术进步奖一等奖”。该项目即是由医学影像装备整机龙头企业牵头的创新联合体历时十余年的重大联合创新成果，实现了我国在高尖端装备 PET–MR 领域的零的突破。现阶段，我国医学影像装备业与美国、德国、荷兰与日本等全球强国相比仍有较大技术差距。建立有效的创新联合体是促进我国医学影像装备业科技进步的有效途径。

首先，我国医学影像装备业科技创新需依托创新联合体。我国医学影像装备业起步晚，近 3 年才在世界高端医疗市场实现零的突破。一方面，我国医学影像装备业迈向了更多、更广、更深参与全球前沿竞争的上升阶段，企业未突破的科技难题成为产业的“卡脖子”问题；另一方面，全球医学影像装备业也在快速进步，呈现出产品越来越复杂、多学科融合特征越来越显著、科技创新难度越来越大的趋势。我国的技术短板依靠尚在成长中的个别企业已很难突破，须通过集体行动来解决，即构建创新联合体。支持创新联合体是科技强国抢占医学影像装备业全球制高点的战略性举措。美国通用医疗、荷兰飞利浦医疗、德国西门子医疗 3 家全球最

负盛名的医学影像装备制造商均与全球知名医院、大学、中上游供应商等广泛开展创新合作，其间也获得了本国政府的研发资金支持。“十三五”时期，我国医学影像装备业快速进步。与此同时，美国成立了医疗器械创新联盟，旨在“促进创新性的试验设计和以患者为中心的药品和医疗器械的试验终点研究，提高临床试验的效率”。

创新联合体的优势在“高场磁共振医学影像设备自主研制与产业化”项目中得以充分体现。PET-MR 被业界誉为“科技皇冠上的明珠”，此前全球只有美国通用医疗和德国西门子医疗具备相关产品的生产能力。联影医疗是牵头单位，主要负责核心部件攻关和整机系统合成；上海交通大学、清华大学和中山大学负责成像序列和人机交互算法；北京中山医院和中国人民解放军总医院负责临床验证；首都医科大学宣武医院探索临床应用。其间，北京中山医院立足临床提出了系列建议，均被企业采纳并进行了产业转化。2018 年，联影 PET-MR 设备 Upmr790 获国家药品监督管理局认证，正式推向市场。总而言之，创新联合体主要有 4 项优势：一是将终端用户医院纳入合作创新的利益相关者，体现了以用户为中心的应用创新理念。二是由处于产业链集成环节的整机企业主导，体现了国家创新体系以企业为主导的理念转变。整机企业与下游市场密切关联，对中上游发挥龙头带动作用，以市场力量有效集结创新资源。三是建立产学研医四方优势互补、价值共创、风险共担、利益共享的合作机制，体现了产业生态的重要性。四是能够系统性、长期性解决产业共性问题，体现了创新引领发展的国家战略部署。

其次，我国医学影像装备业创新联合体已初现成效。我国医学影像装备业的发展离不开创新联合体。20 世纪 80 年代中期，中国科学院牵头，与美国 Analogic（安络杰）公司合作成立安科公司，在 20 世纪 80 年代后期至 90 年代初期陆续推出具有自主知识产权的大型医学影像装备。在技术研发期间，国家科委[①]从中国科学院等多个科研机构、高校抽调人才，相关医院也给予临床支撑。因此安科公司不仅是科研机构与企业的联合体，而且是中国科学院与全球顶尖的医学成像核心部件企业的联合体。我国在“十二五”“十三五”期间逐步壮大起来的新一代整机龙头企业，基本上都建立起了包括下游医院在内的创新联合体。

自 20 世纪 80 年代至今，我国医学影像装备业创新联合体经历了从产学研合作到产学研医联盟的演进过程。初期的创新联合体主要由产学研各方以产权为纽带共同设立，之后主要是整机企业与中上游核心供应商通过协议一对一缔结，目前多为整机企业主导的产学研医联盟。当年的安科公司是以股权合作为主，联影医疗和迈瑞医疗等整机企业主导的创新联合体则是以知识合作为主。2020 年成立的国家高性能医疗器械创新中心，属于知识合作与股权合作相结合。该中心依托深圳高性能医疗器械国家研究院有限公司组建，有限公司由联影医疗和迈瑞医疗联合中国科学院深圳先进技术研究院、先健科技、哈尔滨工业大学等单位共同出资设立，通过创新中心与医院、中上游供应商等深度合作。

我国医学影像装备业创新联合体的主要成效，一是破解“卡脖子”技术，实现高端市场的零的突破。联影医疗依托国家项目成功

① 1998年改名为中华人民共和国科学技术部。

研制出具有自主知识产权的 PET–MR，既是高端市场的零的突破，又包含了若干项配套技术的零的突破。项目的成功标志着我国成为全球能够生产该装备的第三个国家。第三方评估结果显示，联影 PET–MR 各项性能参数都达到甚至部分超过国际先进水平，其中空间分辨率提高 60%，成像速度提高一倍。安科公司在成立后的第一个 10 年不断取得科技突破，大大提升了我国磁共振成像技术与系统的科研水平。二是加速构建国内产业体系，完善产业链供应链。创新联合体一方面带动了国内产业链的整体进步，另一方面也强化了供应链上下游的合作强度。三是促进整机龙头企业快速成长。联影医疗和迈瑞医疗都拥有各自不同形式的创新联合体，分列 2021 年中国医疗企业行业百强的前两位，成为我国突破强国高端市场的主力。四是提升装备普及率，并降低诊断费用。在联影产品问世之前，我国拥有 PET–MR 数量仅 9 台，目前已超过百台。PET–MR 国内市场价格的降幅也达到了 40%。

我国高端医学影像装备业科技自立自强，要运用市场化机制激励优质企业科技创新，全面提升企业创新能力，更要支持这类企业牵头组建的创新联合体，从而培育出产学研结合、上中下游衔接、大中小企业协同的良好创新格局。对于科技创新联合体来说，既要沿用传统的科研经费支持方式，更要拓展新举措，如在政府组织的医学影像装备集采中，优先采购一定比例的联合体的创新装备，让市场检验创新成果，以销售量促进联合体创新的可持续性，既可充分发挥我国超大规模市场优势，又可有效提升联合体中相关主体的自主创新能力。

（四）培育高端医学影像装备产业链“链主”企业，打造大中小企业融通发展生态

培育高端医学影像装备产业链“链主”企业，是打造大中小企业融通发展生态的重要举措。大型高端医学影像装备产业链供应链既长又复杂，产业链供应链中的个别薄弱与脆弱环节都会影响行业的整体发展。对于高端医学影像装备产业链的薄弱环节和供应链的脆弱环节，整机企业最清楚也最为关切。因此，在提升医学影像装备产业链供应链水平过程中，需要支持有抱负、有担当、有规模的优质整机企业，主动承担产业链协调发展的使命，积极开展供应链配套对接，真正成为该产业链“链主”企业，与产业链供应链上相关企业共同构建创新协同、产能共享、供应链互通的新型产业发展生态，并推动产业生态的健壮与高质量发展。

相比“小巨人”企业与单项冠军企业，产业链领航企业更显重要，主要由产业链“链主”担任。产业链领航企业综合实力强，在国内外技术、标准、市场等方面具有较强话语权和国际竞争力，能够承担拉动整个产业链发展的“链主”作用，并成为产业原创技术的“策源地”和产业生态的主导者。无论是“小巨人”企业的成长还是单项冠军企业的兴起，都是产业链的局部发展，唯有领航企业的发展才能带动整个产业链的共同进步。整机制造在产业链各环节中最接近市场，具有对中上游的集成功能。因此，产业链领航企业多为整机企业。即便是全球医学影像装备业强国，产业发展往往都是由一家或几家整机企业主导。

我国医学影像装备龙头企业的技术水平与全球领航企业之间的

差距正在加速缩小，显示出“链主”领航的潜力。其中的多家企业已在国内市场与全球领航企业竞争，并在四大类医学影像装备的新增销售量中占有一定的市场份额（见表9）。

表9　四大类医学影像装备国内市场销售份额前5名

排名	CT		MRI		超声		常规DR	
	品牌	市场份额	品牌	市场份额	品牌	市场份额	品牌	市场份额
1	美国通用	23.79%	德国西门子	28.52%	中国迈瑞	18%	中国万东	18.38%
2	中国联影	23.23%	美国通用	22.35%	美国通用	15%	中国安健	16.45%
3	德国西门子	19.98%	荷兰飞利浦	20.26%	荷兰飞利浦	12%	中国迈瑞	7.97%
4	荷兰飞利浦	14.23%	中国联影	19.21%	中国开立	12%	中国普爱	7.28%
5	中国东软	8.73%	中国万东	1.98%	德国西门子	7%	中国蓝影	6.88%

资料来源：医疗招标采购网；医疗器械之家；智研咨询，《中国一次性医疗器械市场构成》，2019年。

联影医疗、迈瑞医疗、东软医疗、万东医疗分别是四大领域国产品牌的龙头。2020年，4家企业的医学影像装备业务销售收入分别为60亿元左右、42亿元左右、18亿元左右、10亿元左右。其他国产品牌企业的医学影像装备业务销售收入均低于10亿元。我国龙头企业的整机产品中，有多款实现了与全球领航企业并跑，个别装备甚至实现了领跑。如联影医疗于2018年研制成功的世界首台2米PET–CT uEXPLORER探索者、迈瑞医疗的便携式彩色多普勒超声诊断系统M9等就处于全球领先地位。

（五）积极倡导共赢的竞合理念，共同塑造高端医学影像装备命运共同体

高端医学影像装备业高质量发展是提升供给体系对国内需求的适配性，以高质量的医学影像装备满足日益升级的国内高端医学影

像市场需求。这是我国高端医学影像装备业各类市场主体和产业链供应链上各类相关企业的共同使命，需要利益相关方共同努力。在我国高端医学影像装备业中，目前占主导地位的是全球医学影像装备龙头企业在中国的分支机构，以及曾在这些分支机构任职的人士创办的企业。这些企业的整机在国内市场上竞争激烈，企业之间合作甚少。各自构建自身产业链供应链，导致第三方的关键部件企业发展不易。这既不符合高端医学影像装备业高质量发展的要求，也不符合时代发展的主旋律。在透明化的当今时代，彼此封锁的竞争理念难以为继，坦诚相待的竞合理念更为重要。优质企业尊重彼此，崇尚共赢的竞合理念，共同塑造融合共通的高端医学影像装备命运共同体是提升其产业链供应链稳定性与竞争力的有效途径之一。

（六）深入推进医学影像装备产业集群发展，全面提高高端医学影像装备产业链供应链稳定性和竞争力

产业集群既是古老也是长效的产业发展模式，尤其是制造业最经典的高效发展模式。产业集群能够高效提升产业链供应链水平，通过整机企业与配套企业的良性互动，既能促进整机企业的发展，又能带动产业链供应链上的中小企业协同发展。产业集群整体创新能力强，产业生态优，根植性强，产业品牌与区域品牌能够相互促进，集群化发展是全面促进制造业高质量发展的重要途径。在创新驱动的强国战略中，发展先进产业集群就是重要举措之一。

现阶段，医学影像装备产业发展的重要特点之一是产业高度集中在全球少数国家，如美国、德国、日本、荷兰与中国等，在国内则主要集中在以上海为中心的长三角地区、以深圳为中心的珠三角

地区、以北京为中心的环渤海地区。其中，以上海为中心的长三角地区的高端医学影像装备层次最高、规模最大、多样性最强。目前，这些地区医学影像装备企业集中现象显著，但集聚效应还较弱，企业间沿产业链供应链的纵向联系与合作较多，横向联系较少。区域内医学影像业的社交资本还较匮乏，医学影像装备的区域品牌还掩盖在医疗器械区域品牌之下。

五、政策建议

（一）加大龙头企业培育力度，支持高端医学影像装备领航企业发展，形成战略牵引、协同发展的梯队企业格局

优质企业梯度格局类似于有航母领航的舰队。新发展阶段，我国医学影像装备业不仅需要独行的优质军舰，还需要相互配合、协同前进的舰队，更需要带领舰队前行的优质航母，即领航企业。我国龙头企业成长为产业链领航企业，意味着要承担我国医学影像装备业高质量发展的重任，必须不断进取，同时也离不开政府的政策助力。

一是进一步明确培育我国医学影像装备产业链领航企业的政策导向。目前，针对领航企业的具体支持政策尚未出台。医学影像装备制造技术始终是世界高端技术融合发展的代表，产业链技术短板的突破有助于多行业技术进步。而且，医学影像装备是现代医疗服务体系的重要支撑，我国市场需求升级、整机企业进步显著。建议以医学影像装备业为示范重点支持产业链领航企业发展，在CT、

MRI、DR 与超声等四大类典型装备产业链上，分别加快培育一至两家产业链领航企业，支持其主导带动多家关键核心零部件和原材料制造单项冠军企业、一批其他零部件和原材料制造专精特新“小巨人”企业共同实现技术进步，形成合理的优质企业梯队格局，从根本上优化产业组织结构问题。可考虑选择当前销售规模最大、以大装备制造为主的龙头企业，以及在超声领域的龙头企业作为支持的重点。

二是助力龙头企业提升品牌知名度和影响力。我国龙头企业品牌影响力弱，与市场上耳熟能详的“GPS”相比还只是品牌的“新生儿”。制造业由大到强的重要标志之一是实现从产品到品牌的转变。支持龙头企业快速成长为领航企业，也需助推其品牌知名度和影响力，快速形成与领航企业地位相匹配的国产品牌强度。可引导和帮助龙头企业讲好品牌故事，快速提升我国医学影像装备企业品牌的国内外知名度。此外，我国在推进“一带一路”倡议及援助欠发达国家医学影像装备时，也可考虑多推荐中国品牌装备。

（二）引导高端医学影像装备业创新联合体形成“优势互补、价值共创、风险共担、利益共享”的平台合作机制

加快构建高水平的高端医疗装备业创新联合体，必须解决好长期合作机制和平台化发展两大问题，既需要创新主体的共创共享，也离不开政府的精准支持。

一是引导医学影像装备业创新联合体形成“优势互补、价值共创、风险共担、利益共享”的平台合作机制。创新联合体是基于利

益相关者的知识联合体，加快构建的关键在于将分散的创新资源和创新要素组织起来，形成目标一致、相互协同、内生动力强、创新效率高、创新成果迸发的平台合作机制。建议支持整机企业向平台化创新转变。鼓励构建应用创新平台，集结医院、科研院所和中上游供应商，开展“卡脖子”技术、改进型技术和前沿技术创新，服务于供需的持续对接，确保创新合作的长期性。根据优势互补的原则挑选合作伙伴，根据价值共创的原则界定彼此的贡献及利益分享依据，根据风险共担的原则避免短期行为。

二是完善政府采购政策。通过政府采购鼓励及扶持创新，是国际通行做法。目的在于充分依托我国超大规模市场优势，强化市场激励，稳定中上游的创新预期。建议明确提升我国医学影像装备普及率的目标，在合规的前提下优先采购创新联合体的创新成果，通过扩大的应用反馈拉动创新，通过销售获利实现创新联合体的“价值共创、风险共担、利益共享”。

三是合理安排大型医用设备配置规划。我国从 1995 年开始就实施大型医用设备配置管理办法。总体来看，此类管理更适用于供给短缺、完全依赖进口、百姓经济实力不足阶段，在自主品牌装备已经取得重大突破、百姓医疗服务需求不断升级的情况下亟须变革。可考虑将创新联合体作为变革我国配置管理制度的切入点，放开创新联合体的配置管理，参考国际通用做法，强化临床使用监管，将装备的品质更多地交由市场检验。不仅可以源源不断地支持创新联合体的创新，也可适当减少政府资助研发的推动经费。

（三）鼓励产业链上下游合作和协同创新能力，强化产业基础共性技术研究

加强上下游产业链协同能力，增强零部件企业的投资积极性，强化产业基础共性技术研究。

一是鼓励整机企业牵头或参与原材料、元器件的技术攻关与验证，将高端医疗装备整机及零部件生产归入集成电路和特殊材料的重要应用领域，享受支持政策。

二是鼓励整机企业搭建零部件、元器件和原材料的标准与验证平台，整合中上游企业共同参与，提升产业链上游企业原材料的可用性与工艺水平。突出分工协作，形成定位清晰、高效协同的产学研创新体系。当前，我国高端医学影像装备产业技术创新体系存在基础研究能力薄弱、关键共性技术缺位和系统集成能力弱等问题，必须深化科技体制改革，重塑科技创新在产业链上下游合作和协同创新。

三是推动政府研发投入聚焦基础研究领域，引导社会资金加大基础研究投入，力争加大研发投入比重。

四是调整现有创新主体的定位，强化基础研究和应用研究的分工，明确高校（基础研究）、科研机构（关键共性技术研发）和企业（应用技术开发）等各类创新主体在创新链不同环节的功能定位，建立定位清晰、分工明确、协同有力的现代创新体系。支持龙头企业联合高校、研究机构、金融机构以及产业链上下游，在关键优势领域建设新型创新平台，重点解决跨行业、跨领域的关键共性技术问题，填补基础研究和产业化技术创新之间的鸿沟，从全产业链角

度梳理产品和技术的痛点，促进全产业链协同创新和产业链创新链融通创新。

五是突出“专精特新”，培育专注基础能力提升的企业群体，围绕关键基础材料、基础装备和核心零部件、基础工业软件、基础技术和工艺等基础能力，铸造聚焦基础产品和技术研发生产的企业群体。

（四）打造高端医学影像产业生态，塑造融合共生的医学影像装备业命运共同体

一是明确打造全球最佳产业生态的发展目标。我国龙头企业的总部所在地以上海、深圳、北京等地为主，所处区域也是我国主要的医学影像装备企业集聚区。发挥好龙头企业的产业生态主导作用，促进产业集群化发展，地方政府可有更大作为。建议各地方为龙头企业提供量身定制的产城融合方案，出台引导性的专项产业规划，设立龙头企业主导的创新平台，降低龙头企业的园区运营成本，并配套有利于龙头企业高端人才引进的地方政策。

二是充分推进资源统筹。围绕“巩固、增强、提升、畅通”措施，强化科技、人才等要素支撑，建立完善的信息交流、人才培训、共性技术研发合作平台，做好产业组织协调和宣传引导支撑服务，密切产业链上下游关系，全力打造高端医学影像产业生态。

（五）聚焦重大战略需求，促进创新型高端医学影像装备产业集群高质量发展

集群化是全面促进制造业高质量发展的重要途径。考虑到我国

三大高端医学影像装备集群已初现但集中现象显著，集聚效应较弱，建议在这三大医学影像装备集群中，着力推进以上海为中心的长三角高端医学影像装备业集群，充分挖掘其具全球影响力的潜力，释放更强的集聚效应。

（六）优化市场环境，建设有利于国产品牌发展的高标准市场体系

建议在公平竞争的前提下，给予已经成为龙头的国产品牌企业必要的市场进入支持。医学影像装备由医院的医生使用，为就诊者提供专业的诊断服务。厂商接触不到真正的消费者，需要医生与医院的认可与采购。厂商的直接市场是医院、体检中心与影像中心等，呈现出多样性与复杂性。我国医院除了三级分类外，还可分为国家卫生健康委直属医院，省属医院和市属医院，以及大型企业所属医院和军队医院。医疗机构对使用多年的国外品牌具有较强的路径依赖，我国龙头企业打破既有的市场经销网络格局并不容易。一方面，国家支持企业自主创新；另一方面，我国自主创新产品可以在美国、日本等高端市场上市，却在全面进入国内市场时面临困难。因此，支持能够与国外强企竞争的国产品牌企业的政策重点不是科研经费，而是市场进入，即对其主导研发的装备进入市场时予以支持，以此提升“链主”的带动力和生态主导力。政策的出发点是营造公平竞争的市场环境，具体包括建立公开透明的国产医学影像装备评价制度、以负面清单制度替代进口医疗器械目录管理制度、逐步实现国产与进口装备等价收费等。在此基础上，可考虑通过制度改革，支持自主创新的高端医学影像装备优先进入军队医疗机构、

国家卫生健康委直属医院等领域。

需要强调的是，支持国产品牌龙头企业发展，也是促进高端医疗影像装备产业的知识产权本地化。公平竞争的市场环境，能够形成稳定的市场预期，吸引更多的中上游优质创新资源与龙头企业形成稳定的创新联合体，进而提升本地知识产权含量，这也是高标准市场体系的重要表现。

周健奇　钱平凡

参考文献

[1] 徐跃，梁碧玲. 医学影像设备学[M]. 北京：人民卫生出版社，2010.

[2] 智研咨询. 2021—2027年中国医疗器械市场全景评估及未来发展趋势报告[R]. 2020.

[3] 智研咨询. 中国一次性医疗器械市场构成[R]. 2019.

[4] 中金企信国际咨询. 2020—2026年中国高值医用耗材市场竞争力分析及投资战略预测研发报告[R]. 2020.